...TTE...

LA VISITATION Sa... ...
...DE PABAY-LE-MONIAL

par

...E MARIE DE ...

...sus et de Marie, du Pouvoy de la Charité...
... ...ieure franç...

Et exultavit hum...

V. S.

PARIS

...IBRAIRIE...

HISTOIRE

DE

LA BIENHEUREUSE

MARGUERITE-MARIE

CORBEIL, TYP. ET STÉR. DE CRÉTÉ.

HISTOIRE

DE

LA BIENHEUREUSE

MARGUERITE-MARIE

Religieuse de la Visitation Sainte-Marie

du monastère de Paray-le-Monial

par

MADAME MARIE DE BRAY

Auteur des *Fleurs de Jésus et de Marie*, du *Pouvoir de la Charité*
Couronné par l'Académie française, etc.

Et exultavit humiles.

PARIS

NOUVELLE LIBRAIRIE CATHOLIQUE

VICTOR SARLIT, LIBRAIRE-ÉDITEUR

RUE SAINT-SULPICE, 25

1865

AVANT-PROPOS

Cette vie nous a été demandée. Nous nous sentions bien indigne d'entreprendre un tel récit, que tant de pieux et savants écrivains ont déjà fait d'une manière si édifiante et si remarquable.

Mais les vertus des saints ont toujours un nouveau charme, sous quelque point de vue qu'on les présente. C'est une mine inépuisable où il reste sans cesse quelque filon à exploiter ; et, d'ailleurs, le bien a besoin d'être redit sous toutes les formes en ce siècle où l'on dit et répète tant de mal. Il est bon de quitter de temps en temps la vallée des larmes pour s'élever jusqu'à la montagne sainte, afin d'y découvrir d'éternels et purs horizons. L'âme chrétienne, à la lecture des entretiens mysté- rieux du Dieu de toute sainteté avec sa faible créature, sent mieux la noblesse de son ori- gine et de sa foi : elle se dilate et s'embrase. Puissent ces pages, écrites en l'honneur du Sa- cré Cœur de Jésus et de sa fidèle servante, allumer en nous une étincelle de ce feu divin qui consuma le cœur de la bienheureuse Mar- guerite-Marie !

OUVRAGES DU MÊME AUTEUR :

Le Pouvoir de la charité, ou Blanche et Mathilde. Seconde édition................................ 1 fr. 25
Ouvrage couronné par l'Académie française, qui lui a décerné un prix de 2,000 fr.

Vie de sainte Marguerite, Modèle des Femmes chrétiennes. In-12................................ 2 fr. 50

Fleurs de Jésus et de Marie. In-12. beau vol. illust. 2 fr.

Les Filles du ciel, ou la Foi, l'Espérance et la Charité. In-12................................ 1 fr. 50

Les deux Orphelins, ou Mauvaise Tête et Bon Cœur, suivi d'**Élisabeth** ou la Jeune Béarnaise. In-12........ 1 fr. 25

Le Bonheur de la Religion, ou l'Aveugle de Brunoy. Seconde édition. In-12................... 1 fr. 25

L'Ange du pardon, ou Henriette de Tézan, épisode de la maison de Saint-Cyr, suivi des Récits maternels. In-12. 1 fr. 25

L'Étoile de la mer. Seconde édition. In-12..... 1 fr. 25

La Famille Dumonteil, ou Explication des sept Sacrements. Troisième édition. In-12................. 1 fr. 25

Premiers Enseignements chrétiens, en forme de petites histoires pour les petites filles. Seconde édition. In-18. 50 c.

Premières leçons de politesse, mises à la portée des jeunes enfants. Seconde édition. In-18.............. 50 c.

HISTOIRE

DE LA BIENHEUREUSE

MARGUERITE-MARIE ALACOQUE

PREMIÈRE PARTIE

MARGUERITE-MARIE DANS LE MONDE

1647 - 1671

I

Marguerite prie Dieu pour la guérison de sa mère. — Elle panse une plaie affreuse. — Elle excuse les personnes qui les persé-cutent toutes deux.

Vers la seconde partie du dix-septième siècle, dans une petite et pauvre église du Charolais, une jeune fille, les genoux en terre devant l'autel où l'on venait de célébrer la messe de la Circoncision, priait avec une grande ferveur. Les yeux et les mains levés vers le ciel, le visage baigné de larmes, elle parlait ainsi au Sauveur : « O mon Jésus, en-seignez-moi la manière de soigner ma pauvre mère,

1

ou, plutôt, soyez vous-même son médecin, car elle va mourir sans secours si vous ne la guérissez. Voyez comme elle souffre ! Et moi je souffre beaucoup aussi de ses angoisses (1). *O mon souverain Maître, si vous le vouliez, cela n'arriverait pas ; mais je vous rends grâces de ce que vous le permettez, pour me rendre conforme à vous.* »

Tandis qu'elle priait ainsi, la jeune chrétienne offrait l'image de la résignation la plus touchante. Elle resta quelques intants comme en extase, et toute ravie en Dieu : le divin Maître venait de la consoler lui-même.

Le saint sacrifice de la messe terminé, elle se hâta de sortir de l'église, non sans avoir fait une prière à la sainte Vierge, et se rendit à une maison de modeste apparence située dans le hameau de Lauthecourt, tout proche de l'église de Verosvre, d'où elle venait. Après avoir jeté autour d'elle un regard craintif pour s'assurer que personne ne l'arrêterait, elle monta rapidement les marches d'un étroit escalier, et entra dans une chambre qu'aucune flamme n'égayait, bien que l'on fût au premier janvier.

(1) Voyez, *Vie de la vénérable Marguerite-Marie*, par Mgr Languet, et suivez.

Une femme assez âgée était étendue sur un lit.
Une plaie affreuse lui rongeait le visage. « Viens
vite, Marguerite, dit-elle en cherchant à se soulever. Il me semble que l'abcès a crevé. »

La jeune fille s'approcha aussitôt de la pauvre
malade, et, joignant les mains avec l'expression de
la plus profonde reconnaissance : « O mon Jésus,
s'écria-t-elle, vous m'avez exaucée ! Vous avez
guéri ma mère. Vous souffrez déjà moins, n'est-il
pas vrai ?

— Beaucoup moins... Mais qui pansera cette horrible plaie ?

— Moi, ma bonne mère.

— Oh ! mon enfant, quel courage ! Tu ne le pourras jamais. Je connais ton insurmontable répugnance
non-seulement pour toucher les plaies, mais pour
les voir.

— Dieu m'en donnera la force et l'adresse. Croyez-
moi : il ne nous abandonnera pas. »

Tout en parlant, Marguerite avait pris des ciseaux,
et, d'une main tremblante d'abord, puis plus ferme,
elle coupait avec précaution les chairs mortes qui
se détachaient de l'abcès. Il répandait une odeur
fétide. L'amour filial n'eût pas suffi pour soutenir la
jeune chrétienne dans cette affreuse opération

qu'elle dut renouveler pendant plusieurs jours ; mais l'amour de Dieu triompha. Ce que la nature eût énergiquement repoussé, la grâce l'accueillait avec bonheur.

La pauvre mère la remerciait en pleurant : « Que tu es bonne ! Tu ne prends de repos ni la nuit ni le jour, disait-elle. Abandonnée de tous, trahie d'une manière cruelle par ceux auxquels j'ai confié nos plus chers intérêts, que deviendrais-je si tu n'étais là ?

— Dieu a permis cette peine, ma mère. Ces personnes sont les instruments dont il se sert pour nous détacher du monde. Il faut leur pardonner de tout notre cœur le mal qu'elles nous font. D'ailleurs elles ne croient pas nous en faire, car elles sont vertueuses.

— Ah ! qu'il est dur de se sentir sous une dépendance absolue et tyrannique comme celle que je me suis imposée moi-même ! Pauvre Marguerite, tu n'as ni vêtements pour te couvrir, ni feu pour te réchauffer. Qui sait ? Peut-être manques-tu de nourriture suffisante ?

— Ne vous inquiétez de rien, mère. Le divin Maître me console ; la sainte Vierge me protége. Qu'il est doux d'être sur la croix avec Notre-Seigneur !

— Oui, il faut que Dieu te soutienne d'une manière merveilleuse, pour te donner la vertu de rendre à nos persécuteurs tous les services de la domesticité, et de répondre à leurs injures par des bénédictions.

— Ah ! ma mère, lorsque je pense à mes péchés, et que je me représente Notre-Seigneur Jésus-Christ, montré au peuple, moqué, raillé, insulté, loin de redouter les coups et les opprobres, je voudrais les endurer tous pour son amour. »

La malade regarda sa fille avec étonnement et admiration, et ne trouva rien à dire. Celle-ci, confuse et désolée d'avoir laissé entrevoir une partie des faveurs dont Dieu la gratifiait, reprit en rougissant : « Cela ne vient pas de moi. C'est le divin Maître qui me fait comprendre que mes péchés méritent bien plus d'insultes. »

Après quelques instants de silence, la malade reprit : « Pourrais-tu me procurer quelque nourriture ? je meurs de besoin. »

Marguerite s'efforça de cacher ses larmes, et sortit aussitôt, en promettant à sa mère de revenir le plus promptement possible. Peu après, on l'eût vue demander à une paysanne de lui faire la charité d'un œuf frais et d'un peu de pain.

La vieille femme, en lui faisant une petite provision, murmurait entre ses dents : « N'est-ce pas une pitié de voir une demoiselle comme vous, réduite à demander l'aumône ! Puisse Dieu punir celles qui vous font tant de mal !

— Ne dites pas cela, je vous en conjure, s'écria Marguerite. Prions au contraire pour *ces chères bienfaitrices de mon âme* (1). Elles agissent ainsi par de bons motifs. Je demande à Dieu de les bénir ! »

II

Enfance de Marguerite. — Elle fait vœu de virginité. — Mort de son père.

La jeune fille que nous venons de voir si charitable, si intimement unie à Dieu, si malheureuse et si résignée, est une de ces âmes privilégiées que l'Église se plaît à présenter à notre admiration, afin de nous montrer le Dieu de toute sainteté opérant de grandes choses par de petits moyens. Elle se peint tout entière dans la premières lignes de l'histoire de sa vie, qu'elle écrivit par l'ordre exprès de son confesseur : « C'est donc pour l'amour de vous « seul, ô mon Dieu, dit-elle, que je me soumets à

(1) Elle les appelait ainsi.

« écrire ceci par obéissance. Je vous demande par-
« don de la résistance que j'y ai apportée. Il n'y a
« que vous seul qui connaissiez l'extrême répu-
« gnance que j'y sens, et il n'y a que vous qui puis-
« siez me donner la force de la vaincre.....

« ..... Faites, ô mon souverain Bien, qu'en exé-
« cutant l'ordre que l'on m'a donné, je n'écrive rien
« que pour votre plus grande gloire et ma plus
« grande confusion (1). »

Voilà la sainte ! son existence pourrait se résumer
par ces mots : « obéissance, humilité, amour. »

Celle qui devait se consumer en l'amour du saint
Sacrement naquit dans le mois consacré d'une manière particulière à honorer la divine Eucharistie,
le 22 juillet 1647. Le petit hameau de Lauthecourt,
de la paroisse de Verosvre, en Charolais, fut le berceau de l'humble fille. Le diocèse d'Autun, auquel
il appartenait, est fier d'avoir vu éclore cette modeste fleur des champs qui, après s'être entr'ouverte
un instant sur cette terre privilégiée, devait exhaler
ses derniers et plus suaves parfums sous les murs
du cloître.

Sa famille appartenait à la classe moyenne de la

_____

(1) Copie fidèle d'un mémoire, écrit de la main de la vénérable mère Marguerite-Marie Alacoque.

société; le nom d'*Alacoque* était très-honorablement porté sous le règne du grand roi. Le père de notre bienheureuse, Claude Alacoque s'était attiré l'estime publique par ses qualités personnelles et par sa piété. Chargé comme notaire de la juridiction des terres seigneuriales des environs, il s'acquittait de ces fonctions délicates avec une grande probité. Malheureusement, il mourut jeune et laissa veuve de bonne heure Philiberte Lamyn, chargée de cinq enfants.

Le nom de Marguerite fut donné à sa seule et unique fille par madame Marguerite de Fautrières de Corcheval, femme du seigneur de la paroisse de Verosvre, qui, trois jours après la naissance de l'enfant, la tint sur les fonts baptismaux.

Nous esquisserons à grands traits les premières années de la bienheureuse. L'enfance et la jeunesse des saints ont quelque chose de si attrayant, il y a dans leurs paroles et leurs actions une candeur si ravissante, une sagesse si précoce, qu'on y reconnaît déjà la touche à la fois délicate et puissante de Dieu, qui conduit ces jeunes âmes avec douceur et suavité.

Dès sa plus tendre enfance, Marguerite fit présager que l'amour divin surpasserait en elle tout autre amour. A trois ans à peine, elle s'arrêtait lorsque ses parents lui disaient que le bon Dieu serait offensé de l'action qu'elle allait faire.

Un jour qu'elle assistait à la sainte messe les genoux nus en terre, ainsi qu'elle en avait la pieuse habitude, elle se sentit entraînée à prononcer d'une manière plus expresse des paroles qu'elle disait souvent sans en comprendre toute la portée.

Le prêtre montrait au peuple l'Hostie sainte ; la victime sans tache s'immolait...

Alors, la douce enfant, élevant vers le Sauveur ses mains innocentes : *Mon Dieu*, dit-elle, *je vous consacre ma pureté. Je vous fais vœu de perpétuelle chasteté* (1).

Le divin Maître accueillit avec bonté cette promesse de la petite enfant, qui, sans mesurer la grandeur du sacrifice et de l'engagement qu'elle contractait, avait néanmoins correspondu, autant que le permettait la faiblesse de son âge, aux vues de Dieu sur elle. Marguerite sentit au fond de son cœur quelque chose de céleste que le temps ne put jamais lui faire oublier, image des joies pures réservées par le Sauveur à ses chastes épouses.

Lorsqu'elle était devant le saint Sacrement, age-

_____

(1) Copie fidèle d'un mémoire, etc.

nouillée par terre, quel que fût le froid, rien ne
pouvait la distraire de ses adorations profondes.
Elle suppliait alors Notre-Seigneur de lui apprendre à *faire oraison*. L'innocente créature ignorait
dans son humilité que, déjà, elle était parvenue à
un haut degré d'union avec Dieu.

Un jour, Jésus-Christ lui enseigna lui-même cette
méthode : se prosterner devant la majesté divine,
l'adorer en silence, lui demander le pardon de ses
fautes, puis lui exposer ses désirs avec simplicité.
Elle se servit de cette méthode, qui contribua merveilleusement à la tenir dans l'humilité et la reconnaissance.

C'est ainsi que Dieu préparait peu à peu l'âme
de sa petite servante à s'élever jusqu'aux plus sublimes degrés de l'Oraison, et à lui sacrifier les innocentes distractions d'un âge qui en demande continuellement. Sa dévotion toute filiale envers la
sainte Vierge était déjà réglée. Elle se plaisait en
récitant le rosaire ou le chapelet, dès qu'elle se voyait
seule, à baiser la terre et à faire une génuflexion à
chaque *ave Maria*. Elle jeûnait chaque samedi en son
honneur, et lui promit de réciter tous les jours,
lorsqu'elle saurait lire, l'office de la Conception
Immaculée.

La sainte Mère de Dieu l'entoura sans cesse de sa douce et puissante protection, et la délivra de très-grands périls.

Madame de Feutrières de Corcheval, reconnaissant de si pieuses dispositions dans sa petite filleule, demanda à la garder quelque temps auprès d'elle pour lui faire apprendre le catéchisme, la lecture et l'écriture. L'enfant fut alors confiée à deux des femmes de cette dame ; elle s'attacha de préférence à la plus sévère, qui était en même temps la pieuse.

Marguerite avait huit ans. Elle allait être frappée dans l'une de ses plus chères affections : son père mourut ! Mais le Père céleste lui restait. Il devait la conduire dans la voie qu'il lui avait préparée, voie de souffrances et d'humiliations éphémères couronnées par un bonheur, une gloire éternels.

III

Première communion de Marguerite. — Elle tombe malade. — Elle se voue à la sainte Vierge. — Elle se relâche de sa ferveur première. — Maladie et guérison de sa mère. — Marguerite-Marie cherche en Dieu les consolations.

Madame Alacoque était trop avancée en âge pour diriger à la fois les affaires difficiles de la charge de son mari, et la tutelle de ses enfants. Elle vit bientôt avec chagrin que Marguerite se laissait aller à une certaine négligence dans ses pratiques de piété; craignant que cette jeune plante ne vînt à périr faute de soins, elle résolut de la confier à des mains pieuses, et la mit en pension à Charoles dans le couvent des religieuses de Sainte-Claire.

L'enfant avait un tel respect pour la vocation religieuse, qu'elle crut entrer dans une société de saintes. La vie austère des Clarisses, leur piété, l'union qui régnait entre elles, tout concourut à faire renaître en son cœur sa première ardeur pour la prière. Elle sentit un vif attrait pour cette vie de retraite, où elle ne voyait que perfection et sainteté.

Celle qui s'édifiait ainsi des vertus des Clarisses ne s'imaginait pas être elle-même pour les bonnes religieuses un sujet d'admiration. On ne crut point devoir la priver longtemps du bonheur de faire sa première communion. Le divin Sauveur lui fit sentir en ce jour la douceur de ses premières et pures caresses, dont le souvenir rendit amères toutes les distractions mondaines. A partir de ce moment, il lui devint impossible de prendre part aux jeux de ses compagnes. Elle y courait avec le joyeux empressement de son âge; mais à peine s'y trouvait-elle mêlée, qu'un entraînement irrésistible l'appelait à la solitude. Elle disparaissait soudain ; et, si quelques-unes de ses petites amies cherchait à découvrir ce qu'elle était devenue, elles la trouvaient à genoux par terre dans quelque coin obscur, confuse et désolée de se voir surprise dans ces actes extérieurs de profonde humilité.

Cependant, ce qui jusqu'alors pouvait être regardé comme de simples aspirations enfantines, allait prendre un caractère plus sérieux. L'enfant au berceau ne peut supporter d'autre nourriture que le lait de sa mère ; mais arrive le moment où des aliments plus forts doivent lui être donnés. Marguerite ne connaissait encore que les délices d'une piété douce et attrayante : l'heure du sevrage avait sonné.

Désormais, elle trempera ses lèvres dans le calice de la souffrance et de la pénitence.

Peu de temps après sa première communion, elle fut atteinte d'accès de rhumatismes et de paralysie d'une extrême violence. Les remèdes qu'on lui administrait, loin de calmer ses douleurs aiguës, semblaient les irriter. Elle pouvait à peine prendre quelque repos ou quelque nourriture. Les nuits se passaient dans une cruelle insomnie ; elle était de-

venue d'une maigreur effrayante. Quatre longües
années s'écoulèrent ainsi. Sa mère l'avait rappelée
près d'elle avec l'espoir de la guérir, mais tous remèdes humains étaient impuissants.

La jeune fille, inspirée par sa tendre dévotion envers la sainte Mère de Dieu, se sentit sollicitée de se
consacrer tout à la Reine des vierges. Elle fit vœu
d'être à jamais sa fille, si elle revenait à la santé.

A peine avait-elle fait cette promesse... elle était
guérie ! Ce que n'avaient pu faire quatre années
de soins assidus fut opéré en peu de jours d'une
convalescence miraculeuse.

La confiance de Marguerite envers la sainte Vierge
s'augmenta encore ; elle la regarda plus spécialement comme sa mère. Elle n'avait guère que treize
ans, et déjà, outre un jeûne régulier de trois jours
par semaine, elle restait souvent des journées entières sans manger, revêtait le cilice, se servait de
la discipline, de chaînettes de fer, et se relevait la
nuit pour prier. Des ulcères se déclarent et cou-
vrent ses jambes ; une violente douleur de côté l'op-
presse. Les médecins la condamnent ; tranquille et
confiante, elle assure qu'elle sera guérie avant un
mois. On commence pour elle une neuvaine : avant

qu'elle fût terminée, Marguerite recouvre une seconde fois la santé.

Telle qu'une bonne mère, qui sait en même temps
encourager et reprendre, Marie ne souffrit dès lors
aucune imperfection dans les hommages que lui
rendait sa petite servante. *Eh quoi!* ma fille, lui
dit-elle un jour que Marguerite s'était assise en récitant le rosaire, *est-ce ainsi que tu me sers négligem-
ment* (1)? Ces seuls mots firent une si profonde
impression sur la jeune fille, qu'elle ne les oublia
jamais.

Honorée de telles faveurs, il semble qu'elle aurait
dû désormais mener une vie angélique. Mais les
âmes les plus privilégiées sont aussi celles qui ont
le plus à combattre. Elle entrait dans cette période
difficile de l'adolescence où l'imagination s'exalte,
où le cœur s'élance vers le bonheur, où de bril-
lantes illusions entraînent vers un monde inconnu,
où la jeune fille a besoin d'épancher son cœur et de
se sentir soutenue par une direction ferme et douce.
Malheureusement, Marguerite ne se confessait qu'à
de rares intervalles. En revenant à la vie, elle se
reprit à la vanité, à l'amour des créatures. Elle re-
chercha avec ardeur les divertissements ; elle glissa

(1) Copie fidèle d'un mémoire de la bienheureuse.

sur cette pente dangereuse des plaisirs, qui entraîne tant de monde à sa perte. Aux yeux des hommes, sans doute, elle pouvait toujours passer pour une jeune fille modeste, pieuse, édifiante. Mais Dieu est jaloux de certaines âmes qu'il s'est choisies ; et lorsque après les avoir comblées de grâces particulières, il les voit rester stationnaires ou s'attiédir, son cœur de Père, d'Époux, après s'être abaissé jusqu'à la prière, s'arme de sévérité, et s'élève jusqu'aux reproches. Pour Marguerite, plus d'union intime avec le Sauveur, plus de ces épanchements si doux où la foi montre à l'âme fidèle Dieu toujours présent, Dieu, le seul et unique ami, Dieu notre principe et notre fin ; Dieu, notre récompense et notre couronne.

Les fêtes de l'Église ne suffisaient plus aux besoins de son cœur avide de plaisirs ; elle se donnait aux divertissements du siècle. Un jour même (elle pleura cette faute toute sa vie !), un jour, sollicitée par ses frères et ses amies, elle se travestit pour aller au bal.

Marguerite courait à sa perte.... mais Dieu veillait !

Il veillait, ce Dieu d'amour, qui ne châtie que pour guérir ; et ce fut en frappant la mère de Marguerite, qu'il commença à vaincre les résistances et les ingratitudes de la jeune fille.

Madame Alacoque, surchargée d'embarras domestiques, obligée de surveiller à la fois sa maison et l'éducation de ses fils, s'imagina trouver un soulagement en confiant son autorité tout entière à trois personnes dont elle se croyait sûre, et qui abusèrent tellement de sa bonté, que bientôt elle fut tout à fait sous leur dépendance.

On s'étonne de cette domination étrange que rien au premier abord ne semble motiver. On se demande si madame Alacoque était liée par quelque promesse sacrée à ses yeux, ou par quelque contrat. Quoi qu'il en soit, Marguerite en dit assez dans ses mémoires pour démontrer à quelles tristes extrémités elles se trouvèrent réduites par cet arrangement. Tout était sous clef : aliments, vêtements, médicaments. Il fallait tout implorer de la pitié de ces personnes, encore le plus souvent les demandes étaient-elles accueillies par des paroles outrageantes et des refus humiliants.

Mais ce qui, dans les vues humaines, paraît incompréhensible, devient lumineux aux yeux de la foi. Dieu se servait de ce moyen pour détacher Marguerite d'un monde corrupteur. L'excès du

malheur rendit à la jeune fille sa ferveur première. Elle courut chercher la force et le soulagement près du divin Consolateur ; et, lorsque après
avoir supporté les outrages de ses persécuteurs, elle
pouvait enfin s'échapper et se refugier soit dans le
jardin, soit à l'étable, elle répandait son cœur devant Dieu et la sainte Vierge : « Je demeurais là des
« journées entières, dit-elle, sans boire ni manger,
« et quelquefois de pauvres gens du village me don-
« naient par compassion un peu de lait ou de fruit
« vers le soir (1). »

Lorsque enfin elle se décidait en tremblant à
rentrer à la maison, elle était vivement réprimandée,
injuriée même. On la faisait travailler avec les domestiques ; et les nuits se passaient, comme les
journées, en larmes et en souffrances. Loin de se
plaindre, Marguerite, qui voyait en elles les instruments de la justice divine, supportait tout en
silence.

Pour comble d'infortune, madame Alacoque avait
été atteinte d'un abcès à la joue, qui mettait ses
jours en péril. Personne, excepté Marguerite, ne
s'en occupait. On poussait la cruauté jusqu'à lui refuser les soins et les remèdes indispensables. Qui

(1) Copie fidèle d'un mémoire de la bienheureuse.

pourrait dire le déchirement de cœur de Marguerite
à la vue de sa mère mourante, délaissée, abandonnée de tous! Elle eût voulu la soulager aux dépens
de sa vie même; elle ne pouvait que pleurer et
prier! Ce fut au milieu de toutes ces angoisses qu'un
petit chirurgien de village, passant par hasard, avait
consenti à saigner la malade. Mais, en même temps,
il ôta tout espoir à la jeune fille en lui déclarant
qu'un miracle seul pouvait sauver madame Alacoque.

Alors, la pauvre enfant, laissant de côté toute
consolation, tout soulagement humain, courut à
l'église. Nous l'avons entendue prier le divin Sauveur. Nous l'avons vue le bénir, en trouvant au retour sa mère grandement soulagée.

Le miracle était obtenu : la foi et la piété filiale
avaient triomphé.

IV

L'amour de Dieu, l'amour du monde. — Luttes et souffrances
de Marguerite. — Elle se donne irrévocablement à Dieu.

Ainsi s'étaient écoulées l'enfance et les premières
années de la jeunesse de Marguerite. Nous voyons
en ce cœur que l'amour de Dieu devait embraser si

merveilleusement, un combat continuel entre Dieu et le monde. Les grâces ineffables dont il se sentait parfois énivré, n'en apaisaient pas encore les bouillonnements et les passions naissantes. Tiraillée sans cesse par deux volontés impérieuses et opposées, la jeune chrétienne portait avec peine le joug du Seigneur, et les plaisirs du monde dont elle essayait, ne lui donnaient que remords et amertume. Elle était malheureuse de quelque côté qu'elle se tournât, parce qu'elle était vacillante, incertaine, et qu'il est impossible « de servir deux maîtres. »

Sans guide, sans expérience dans les voies de Dieu, tour à tour tiède et fervente, embrasée ou à demi découragée, attirée à l'amour divin, subjuguée par les pompes du siècle, elle offre un exemple frappant de la faiblesse humaine et de la bonté de Dieu qui voulait, ainsi que lui-même le lui dit un jour, *en faire un composé de ses miséricordes et de son amour* (1).

Marguerite avait atteint l'âge de dix-huit ans. Plusieurs personnes, attristées de la position déplorable où elle se trouvait réduite ainsi que sa mère, cherchèrent à la marier. Plusieurs fois, déjà, madame Alacoque lui avait dit en versant des larmes

(1) Copie fidèle d'un mémoire de la bienheureuse.

amères : « Oh ! ma fille, je n'ai d'espoir qu'en toi pour sortir de cette affreuse et lamentable dépendance ! Choisis, je t'en conjure, parmi les partis qui se présentent; prends pitié de ta mère. Si tu consentais à te marier, vois comme ma position changerait ! »

Marguerite, à ces sollicitations pressantes, restait presque toujours interdite. Bien qu'elle se mêlât plus volontiers aux conversations, aux usages du monde, elle ne pouvait envisager sans frémir la pensée de renoncer à son vœu. D'ailleurs, elle se sentait un éloignement invincible pour le mariage. Elle savait bien qu'une fois liée aux devoirs sacrés qu'il impose, il lui deviendrait impossible de se livrer aux pratiques pieuses et aux pénitences qu'elle continuait dans le secret. — Cependant, les paroles de sa mère n'étaient pas sans éveiller en elle des sentiments nouveaux, indéfinissables. Un éclair de bonheur, — humain et charnel, — semblait alors illuminer les ténèbres de son âme ; mais aussitôt une lueur mille fois plus pure, faisait évanouir ce prestige : la vie religieuse et tout angélique lui apparaissait comme le seul but où elle dût aspirer : « Ma mère, répondait-elle avec douceur, ne vous rappelez-vous plus que je suis vouée à la sainte Vierge ?

Ne savez-vous pas que mon désir est de me consacrer à son service aussitôt que je le pourrai?

— *Ma chère enfant, puisque Dieu t'accorde une santé que je lui demandais depuis longtemps, et qu'il veut bien te conserver pour me soulager dans ma vieillesse,* je te conjure en son nom de ne point me quitter.

— Mais, bonne mère, le mariage me séparerait également de vous.

— Ton mariage, au contraire, assurerait mon bonheur. Je n'ai ni la force ni les moyens de secouer le joug de nos persécuteurs. Ton changement de position améliorerait la mienne. *Je le répète, aie pitié de ta mère. Vois ce que je souffre. Je n'ai d'espérance qu'en toi pour sortir de l'état où je suis réduite. Me refuseras-tu cette consolation? Si tu me quittes, je mourrai de chagrin, et tu en seras la cause* (1).

— Hélas! que me dites-vous? quelle perplexité! d'un côté, manquer à mon vœu..., me damner, peut-être! — de l'autre, vous savoir malheureuse, lorsque je pourrais, par le sacrifice de ma liberté, vous rendre la paix... ah! ma mère, mon cœur est déchiré.

— Le mien ne l'est pas moins. Mais Dieu, la bonté

(1) *Vie de la vénérable mère Marguerite-Marie,* par Mgr Linguet, liv. I.

même, aura égard aux circonstances dans lesquelles nous nous trouvons. Tu étais trop jeune lorsque tu fis ce vœu, pour en comprendre les conséquences. On t'en donnera facilement dispense. Promets-moi d'accepter un des partis avantageux qui se présentent.

— Je ne le puis, ma mère.

— Du moins, consens à paraître dans le monde avec tous tes avantages extérieurs. Soigne un peu mieux ta toilette. Viens avec moi dans quelques réunions. Ma fille, ma bien-aimée, rappelle-toi que je t'ai portée dans mon sein, que je t'ai nourrie de mon lait, que tu peux, pour ainsi dire, me rendre ce que j'ai fait pour toi... Mon enfant, ne repousse pas le désir de ta pauvre mère. »

Vaincue par les larmes et les instances de madame Alacoque, Marguerite consentit une fois encore à essayer de ce monde qu'elle redoutait et désirait; mais, lorsqu'elle se trouvait dans le silence et la solitude, quels orages se soulevaient en son sein ! — L'amour filial; l'amour de Dieu ! — Deux des plus forts et des plus doux sentiments de l'âme ! La vie mondaine, avec tous ses enchantements, ses illusions, son luxe, ses pompes et ses enivrements; — la vie religieuse, ses austérités, ses pénitences, ses combats, ses entretiens célestes, ses délices ineffables ! — L'esclavage de Satan, où, après les amertumes, les gloires évanouies, les fleurs flétries, la jeunesse fanée, on aboutit à la mort, puis de la mort à l'éternité, à l'enfer !.. — Le doux esclavage du Christ, où, après les immolations, les sacrifices, les brisements de cœur et de volonté, on arrive à la vie, au ciel, à l'éternité dans le sein de Dieu ! — Un vœu formel, fait en présence de Jésus et de Marie, rétracté, foulé aux pieds, méprisé... — Une mère chérie, en proie à la misère, aux opprobres, qu'un mot de sa fille pourrait rendre au bonheur !

A ces pensées déchirantes, Marguerite ne savait qu'opposer. Elle voulait ; elle ne voulait plus. Elle se prosternait à terre ; elle implorait, elle conjurait. Mais, comme sa volonté était toujours défaillante, les ténèbres augmentaient, la tourmente sévissait. Ainsi se passèrent bien des jours, bien des nuits. Marguerite se parait ; elle courait vers ces fêtes mondaines ; elle s'y précipitait avec l'espoir de s'étourdir..... soudain « l'amour divin lui lançait des flèches si ardentes, qu'elles perçaient son cœur de toutes parts et le consumaient (1). » Elle ne pouvait plus résister. Elle se réfugiait dans la solitude. Là

(1) Copie fidèle d'un mémoire de la bienheureuse.

elle voyait le divin Époux comme au jour de sa douloureuse flagellation : *Voudrais-tu bien prendre ce*
plaisir, lui disait-il, *et moi je n'en ai jamais pris au-*
cun ? Je me suis livré à toutes sortes d'amertumes pour
gagner ton cœur, et tu voudrais encore me le dis-
puter (1) !

Puis, Notre-Seigneur lui faisait de sévères répri-
mandes, en lui disant que ses vanités étaient la
cause des souffrances qu'il avait supportées, et qu'un
jour il lui demanderait un compte rigoureux de
l'emploi de son temps.

Alors, prenant une longue discipline, Marguerite
se frappait cruellement en pleurant ses fautes avec
une grande douleur..... et le lendemain, mêmes vanités, mêmes résistances, et aussi mêmes regrets
amers. Ses souffrances intérieures étaient telles
qu'elle avoue ne savoir les exprimer.

Si Marguerite eût été initiée aux pratiques et aux
enseignements de la vie spirituelle, ses peines eussent
été comprises et adoucies par une sage, une prudente direction ; mais elle ignorait jusqu'à ce nom.
Toutes ses actions, même innocentes, prenaient à
ses yeux l'aspect de fautes graves. La pensée d'of-
fenser Dieu à chaque instant était pour elle un mar-

(1) Copie fidèle d'un mémoire de la bienheureuse.

2

tyre continuel. Afin d'expier les fautes qu'elle s'imaginait avoir faites, elle se livrait aux plus dures pratiques de la pénitence. Elle liait son corps avec des
cordes nouées qui, en pénétrant dans les chairs, lui
causaient de cruelles douleurs. Elle s'entourait les
bras de petites chaînes, qu'elle ne pouvait retirer
qu'en laissant de sanglantes empreintes. Elle couchait sur une planche ou sur des bâtons noueux.
Mais aucune de ces austérités, n'étant réglée par
l'obéissance, n'apaisait ses peines de cœur mille
fois plus affreuses.

Sa mère et ses parents s'étonnaient de la voir si
changée. Marguerite cachait soigneusement ce
qu'elle éprouvait : personne ne l'eût comprise ou
consolée. Notre-Seigneur Jésus-Christ la voulait
tout à lui. Elle protestait bien y consentir; mais
elle n'avait pas le courage de briser les liens qui
l'enchaînaient encore : telle était la cause de cet
état, que ne sauraient comprendre les âmes que
Dieu ne poursuit pas ainsi.

Cependant, le divin Sauveur ne laissait pas son
épouse sans consolations. Il daignait se faire lui-
même son maître dans la vie spirituelle. Un jour
qu'après avoir reçu la sainte Communion, Marguerite suppliait Notre-Seigneur de la rendre sainte,

une lumière surnaturelle illumina son âme. La
beauté des vertus *de pauvreté, de chasteté, d'obéissance*,
lui parut tellement ravissante, qu'elle ressentit un
désir plus impétueux que jamais d'être religieuse.
Elle, qui, depuis longtemps, cherchait à trouver
« une vie de sainte aisée à imiter, afin de pouvoir
faire ce que cette sainte avait fait, pour devenir
sainte comme elle (1), » se sentit appelée d'une manière irrésistible à accomplir son vœu, quoi qu'il pût
lui en coûter. L'Époux divin lui apparut avec toute
son admirable pureté, sa beauté incomparable, sa
puissance, son amour infini, et, lui faisant comprendre de nouveau combien les résistances qu'elle
avait opposées jusqu'alors à ses desseins le bles-
saient, il la menaça de l'abandonner à jamais si elle
lui préférait un époux mortel. Puis, avec cette bonté
que le divin Maître sait toujours mêler à ses reproches : *J'excuse ton ignorance*, continua-t-il, *parce
que tu ne me connais pas encore; mais si tu veux me
suivre, je t'enseignerai à me connaître, et je me mani-
festerai à toi* (2).

A peine Marguerite a-t-elle entendu ces paroles,
qu'une paix ineffable remplit son cœur. Elle sent

(1) Copie fidèle d'un mémoire de la bienheureuse.
(2) *Idem*.

que la victoire lui est donnée ; elle comprend enfin
toute la vanité des affections de la terre ; elle prend
la résolution inébranlable de briser généreusement
ses chaînes, et de se consacrer à Dieu sous le voile
de ses chastes épouses, dût-elle éprouver toutes les
peines du purgatoire, trop heureuse d'échapper par
là à celles de l'enfer qu'elle croit avoir méritées. Et
comme Notre-Seigneur, voyant la faiblesse de sa
petite épouse, lui demandait de consentir à ce qu'il
se rendît le maître absolu de sa liberté, Marguerite
acquiesce avec un tel bonheur à ce doux esclavage,
que, dès ce moment, elle ne s'appartient plus.

Les combats entre la grâce et la nature étaient
terminés. Le divin Maître avait vaincu : Marguerite lui appartenait pour toujours.

V

Paroles du Sauveur à la bienheureuse. — Obéissance et charité
de Marguerite. — Son amour pour la divine Eucharistie.

Lorsque madame Alacoque eut appris de la bouche même de sa fille sa résolution inébranlable de
se consacrer à Dieu, elle s'efforça de cacher ses larmes, et ne lui opposa aucune nouvelle résistance ;
mais, espérant que ses fils et d'autres parents au-

raient plus d'empire sur Marguerite, elle épancha près d'eux toute l'amertume de sa peine.

Parmi tous ceux qui étaient opposés à la vocation de la jeune fille, l'un de ses frères, qui l'aimait tendrement, chercha plus que les autres encore à l'en détourner. Bien qu'elle eût positivement déclaré qu'elle ne voulait pas se marier, et qu'elle eût prié sa mère de congédier tous les partis qui pourraient se présenter, ce frère ne cessait de lui faire valoir les avantages d'une union bien assortie ; et, pour lui procurer une alliance plus brillante et une position plus honorable, il alla jusqu'à lui offrir de partager avec elle une partie de ses biens. Mais il n'y avait plus de place dans le cœur de Marguerite pour tout ce qui charme les personnes du monde ; elle ne voulait plus que s'unir à Jésus, aimer Jésus. D'ailleurs, le divin Maître la comblait alors de faveurs inappréciables. Il lui parlait cœur à cœur.

Lorsqu'il la voyait fondre en larmes à la pensée des résistances qu'elle lui avait si souvent opposées : *Ma fille*, lui disait-il, *je veux faire de toi un composé de mon amour et de mes miséricordes* (1).

Et, dans une autre circonstance : *Je t'ai choisie pour mon épouse*, dit le Sauveur. *Nous nous sommes*

---

(1) Copie fidèle d'un mémoire de la bienheureuse.

promis fidélité lorsque tu m'as fait vœu de chasteté. C'est moi qui te pressais de faire ce vœu avant que le monde eût aucune part dans ton cœur, parce que je voulais ce cœur tout pur, sans qu'il fût souillé par des affections terrestres; et, afin de me le conserver dans cet état, je préservai ta volonté de la malice qui aurait pu le corrompre. Puis, je te remis aux mains de ma sainte Mère, afin qu'elle te façonnât selon mes desseins (1).

Ainsi parlait Notre-Seigneur Jésus-Christ. Comment après de si intimes confidences, le cœur de la vierge eût-il pu se reprendre aux créatures ? Lorsque Jésus parle, aime, console, qu'est-ce que la parole, l'amour, la consolation des hommes ?... Un souffle, un atome, rien !

Trois ans se passèrent ainsi, sans que madame Alacoque ni sa famille donnassent leur consentement. Quelque peine qu'en éprouvât Marguerite, elle n'avait plus ces combats intérieurs qui l'avaient fait tant souffrir. Résolue d'être un jour religieuse, quoi qu'il lui en coutât, elle attendait avec confiance le moment de Dieu, et s'exerçait chez elle à sa vocation, en pratiquant d'une manière toute particulière les vertus qui en font la gloire.

(1) Copie fidèle d'un mémoire de la bienheureuse.

Elle obéissait à tous, même à ses inférieurs, et ne pouvait plus rien faire sans se sentir entraînée à en demander la permission. Elle supportait gaiement les railleries qui lui étaient adressées à ce sujet, et la gênante dépendance à laquelle elle se soumettait ainsi volontairement. Néanmoins, un doute lui restait. Elle craignait de ne pas accomplir en cela, et dans les pénitences qu'elle s'imposait, la volonté de Dieu, auquel elle disait amoureusement : *Hélas ! mon Seigneur, donnez-moi donc quelqu'un pour me conduire à vous.*

Et Lui, avec cette bonté qui ravit les saints, répondait : *Est-ce que je ne te suffis pas ? Que crains-tu ? Un enfant aussi chéri que toi peut-il périr entre les bras d'un père qui est tout-puissant* (1) ?

Sans cesse attirée par des élans d'amour vers la divine Eucharistie, elle avait un désir ardent de s'en approcher fréquemment ; mais on ne lui permettait qu'à de fort rares intervalles, de puiser à cette source sacrée les eaux rafraîchissantes de la grâce divine. La pensée que les religieuses avaient souvent ce bonheur redoublait en elle son désir de quitter le monde. La veille du jour où elle devait communier, Marguerite était si absorbée dans l'attente de son

(1) Copie fidèle d'un mémoire de la bienheureuse.

Bien-aimé, qu'elle pouvait à peine parler, et que toutes les occupations de la terre lui pesaient d'une manière insupportable. Cachée dans quelque endroit écarté, seule à seule avec le Dieu qu'elle appelait si ardemment dans son cœur, elle oubliait tout. C'était alors un supplice pour la pieuse jeune fille de se livrer aux soins de la maison avec les domestiques. Le soir arrivait sans qu'elle eût terminé sa tâche. Elle était reprise avec une telle sévérité, qu'elle n'avait plus le courage de prendre aucune nourriture. Elle se dédommageait de cette contrainte pendant la nuit, et se livrait tout entière à ces attraits si puissants. Enfin, lorsque l'heureux moment était arrivé, elle n'aurait voulu « ni boire ni manger, ni voir ni parler, tant « étaient grandes la consolation et la paix qu'elle « sentait (1). » Elle se cachait, afin d'apprendre dans le silence à parler à Dieu et à l'écouter.

Lorsque l'amour du Sauveur règne dans un cœur, l'amour des pauvres l'accompagne toujours. Marguerite sentit croître sa compassion pour eux à mesure que Notre-Seigneur prenait une plus grande place dans sa vie. Rien de plus touchant que les quelques lignes qu'elle consacre dans ses

---

(1) Copie fidèle d'un mémoire de la bienheureuse.

mémoires à dire comment Dieu lui enseignait ce
qu'il voulait qu'elle fît pour croître en son amour :
« Il me donna un si tendre amour pour les pauvres,
« écrit-elle, que j'aurais souhaité n'avoir plus d'au-
« tres conversations. Il imprimait en moi une si
« tendre compassion de leurs misères, que, s'il
« avait été en mon pouvoir, je ne me serais rien
« gardé. Lorsque j'avais de l'argent, je le donnais
« à de petits pauvres pour les engager à venir au-
« près de moi, afin de leur apprendre leur caté-
« chisme et à prier Dieu. Cela faisait qu'ils me sui-
« vaient, et il en venait tant que je ne savais où les
« mettre pendant l'hiver. Je me servais pour cela
« d'une grande chambre d'où l'on venait nous
« chasser quelquefois. J'étais fort mortifiée lors-
« qu'on s'apercevait de ce que je faisais...

« ...Je ne donnais que ce qui était à moi; encore
« ne l'osais-je plus faire sans obéissance. Cela m'o-
« bligeait de caresser ma mère, afin qu'elle me
« permît de donner ce que j'avais. Comme elle m'ai-
« mait beaucoup, elle me l'accordait assez facile-
« ment. Lorsqu'elle me refusait, je demeurais en
« paix ; et, après un peu de temps, je retournais
« l'importuner (1). »

(1) Copie fidèle d'un mémoire de la bienheureuse.

2.

Nous avons dit sa répugnance à voir et à toucher les plaies. Marguerite, pour vaincre cette nature toujours rebelle, toujours prête à se plaindre et à chercher ses aises, commença par les baiser... Le reste, après cette lutte héroïque, ne lui coûta plus. On la vit aux pieds des pauvres infirmes comme aux pieds de Jésus-Christ même, panser avec un respectueux amour les plaies les plus hideuses. Bien qu'elle connût à peine quelques remèdes fort simples, sa charité suppléait à tout : la guérison s'opérait promptement.

Ainsi s'exerçait la servante du Christ. Sans avoir jamais appris les choses de Dieu, elle les devinait ; ou plutôt Notre-Seigneur lui-même s'était fait son maître. Elle n'avait plus qu'à s'abandonner aux inspirations de la grâce. Elle n'en était plus à ces heures de découragement, qui brisent les volontés les plus fermes. Chaque jour, en lui apportant de nouveaux combats, lui apportait de nouvelles victoires. La voie de la perfection lui était ouverte : elle commençait à la parcourir d'un pas assuré et rapide.

En même temps que croissaient en elle les vertus d'obéissance et de charité, sa dévotion envers la reine des Anges devenait toujours plus filiale. Elle se sentait appelée à l'honorer d'une manière toute particulière ; elle lui parlait avec la confiance et la simplicité d'une enfant envers sa mère. Son désir était d'entrer dans un couvent sous son invocation. Mais elle n'en connaissait aucun. Seulement, ayant un jour entendu prononcer le nom de *Visitation de Sainte-Marie*, une lumière intérieure lui fit comprendre que c'était dans cet Ordre que l'appelait le céleste Époux. Peu à peu, Marguerite découvrait ses voies, pénétrait les admirables desseins de Dieu sur elle, et s'efforçait d'y correspondre.

VI

Marguerite chez son oncle. — Il veut la faire entrer aux Ursulines. — Son frère veut la ramener à Vérosvre. — Refus de l'oncle. — Départ inattendu.

Un des oncles de Marguerite, qui était en même temps son tuteur, désira l'avoir quelque temps auprès de lui. Toujours soumise, elle se rendit à Mâcon où il demeurait, sans avoir l'espérance que cette entrevue pourrait faciliter sa consécration à Dieu. Elle gagna tellement le cœur de son oncle par sa douceur et sa modestie, qu'il s'attacha profondément à elle.

En apprenant son désir de se faire religieuse, et

les obstacles que le démon avait suscités jusqu'alors, il résolut de la soutenir dans sa vocation. Une de ses filles était elle-même au couvent des Ursulines de Mâcon : Marguerite, admise dans la même communauté, ne quitterait pas la ville. Il se trouverait ainsi à portée de la voir souvent, et de réaliser en même temps les pieux désirs de sa pupille. Il communiqua ce projet à sa fille, qui l'accueillit avec une joie d'autant plus grande, qu'elle-même aimait Marguerite et qu'elle savait en être aimée.

Ce n'était pas aux Ursulines, cependant, que Dieu voulait donner cette perle précieuse destinée à prendre place dans le riche écrin des Visitandines. Il y avait là encore des vues humaines que Notre-Seigneur ne pouvait approuver. Quand il appelle une âme à des voies extraordinaires, il faut qu'elle soit libre de toute attache, afin que, sous sa main puissante, elle devienne un instrument souple et docile.

En vain la religieuse peignait des couleurs les plus séduisantes la paix de son couvent, le bonheur qu'elle y goûtait; en vain, elle entr'ouvrait à demi les portes du sanctuaire pour lui en faire désirer l'accès, Marguerite, attristée de s'opposer à ses vœux et aux ordres formels d'un oncle qu'elle aimait et respectait beaucoup, répondait cependant avec une douce fermeté : *Voyez, ma cousine, si j'entrais en votre couvent, ce ne serait que pour l'amour de vous; et moi je veux aller dans un lieu où je n'aie ni parents ni connaissances, afin d'être religieuse pour l'amour de Dieu* (1).

Tandis qu'elle résistait ainsi, elle apprit que, dans le couvent *de la Visitation des filles Sainte-Marie*, se trouvaient plusieurs de ses parentes. Ce nom *de Sainte-Marie* l'attirait de plus en plus. Elle demanda la permission de visiter ce monastère ; mais son oncle, se doutant peut-être de son dessein, ne voulut pas y consentir. Plus il résistait, plus le cœur de Marguerite volait vers cet asile ouvert aux âmes simples et fortes. Une vision accrut encore en elle cet entraînement. En regardant le portrait de saint François de Sales, elle crut voir le doux fondateur jeter sur elle un coup d'œil tendre et paternel. Elle crut s'entendre appeler par lui *ma fille*. Dès cet instant, elle ressentit pour le saint une affection toute filiale. Puis une voix secrète lui disait : *Je ne te veux pas là* (aux Ursulines), *mais à Sainte-Marie* (2).

Il y avait déjà quelque temps que Marguerite était

(1) Copie fidèle d'un mémoire de la bienheureuse.
(2) *Idem.*

près de son oncle, lorsque son frère vint la chercher pour la ramener chez leur mère. Mais ce n'était pas ainsi que l'entendait le tuteur de la jeune fille. « Mon neveu, lui dit-il, j'aime votre sœur à l'égal de mes enfants. Je veux qu'elle soit heureuse. Je n'entends point du tout qu'elle retourne à Vérosvre. Je la garde près de moi.

— Près de vous ! Mon oncle, vous n'y pensez pas. Ma mère a bien voulu consentir à se séparer de Marguerite pour quelque temps, mais non pas pour toujours.

— Vous le croyez ainsi ?.. Eh bien, moi je vous dis que votre sœur est ici pour *toujours*, attendu qu'elle va entrer en communauté dans la même maison que votre cousine.

— Devais-je m'attendre à une telle réponse ! s'écria le jeune homme avec colère. Voilà donc pourquoi Marguerite était si fort empressée de nous quitter ! Vous vous étiez entendus. Mais qu'elle le sache : jamais je ne donnerai mon consentement à un projet qui brise le cœur de notre mère et le mien.

— Nous nous passerons de votre consentement, mon neveu, reprit le tuteur de Marguerite avec fermeté. Je suis le maître ; je remplace votre père, et je ne vois aucun motif d'empêcher votre sœur de choisir le sort qui lui convient. En suis-je plus triste, parce que ma fille est aux Ursulines ? Pourquoi forcer Marguerite de se marier, si elle n'en a point le désir ?

— Nous ne la forçons pas à se marier ; mais nous la conjurons de rester auprès de nous, auprès de notre mère, qui ne saurait vivre sans elle.

— Il faudrait bien que ma sœur se décidât à voir Marguerite s'éloigner, si elle se mariait à quelque vingt lieues d'ici. Au surplus, cessons toute discussion. Il me plaît de garder Marguerite à Mâcon, et je ne céderai pas. »

En terminant ces mots, monsieur Alacoque se leva tranquillement sans vouloir écouter plus longtemps les instances, les reproches et les prières de son neveu, qui fut obligé de partir seul.

C'était pour notre bienheureuse un pas immense vers sa vocation ; et, pourtant, si Dieu n'eût fait agir des ressorts plus puissants encore, elle se fût trouvée par là même entraînée dans un ordre religieux où elle n'était point appelée. Au pouvoir d'un oncle qui venait de prendre ainsi sa défense et d'appuyer sa cause ; aimée, caressée, suppliée par sa cousine et par toutes les Ursulines, elle allait peut-être se décider à postuler à ce couvent, lorsqu'une circons-

tance inattendue la força de quitter Mâcon : son
frère était fort malade ; sa mère, à toute extrémité :
tous deux réclamaient sa présence immédiate. Marguerite reconnut là une intervention providentielle.
Quelques efforts que l'on fît pour la retenir encore,
elle partit, — bien que fort souffrante elle-même,
— heureuse, dans son chagrin, de trouver un pré-
texte plausible pour ne point se laisser enchaîner
dans des liens qu'elle eût voulu briser plus tard.

VII

Marguerite reçoit le sacrement de confirmation. — Elle trouve
un directeur. — Consentement de sa famille. — Nouvelles
épreuves. — Marguerite-Marie entre au monastère de Paray-
le-Monial.

Quelles qu'eussent été les angoisses de la jeune
fille pendant les dix lieues qu'elle dut faire la nuit
avec la crainte de ne pas arriver à temps, elles ne
peuvent néanmoins entrer en comparaison avec les
nouvelles souffrances qui l'attendaient à la maison
maternelle. Marguerite se contente de dire « que
ses peines redoublèrent (1). »

Et comment eût-elle pu les éviter ? Elle se re-
trouvait avec les mêmes perplexités et les mêmes

- (1) Copie fidèle d'un mémoire de la bienheureuse.

combats, sans entrevoir aucun moyen pour en sortir. Sa mère, que le chagrin de son absence prolongée avait mise aux portes du tombeau, recouvrait la santé avec la présence de sa fille chérie. C'était là un des plus puissants motifs que l'on opposait à Marguerite, lorsqu'elle manifestait son désir d'entrer en religion. Des ecclésiastiques même soutenaient sa famille. Une fois encore, elle voyait tout espoir s'évanouir ; une fois encore, elle avait à combattre entre la tendresse profonde qu'elle portait à sa mère, et l'amour délicat, jaloux, incompréhensible du divin Époux. Les ténèbres spirituelles remplissaient de nouveau son âme ; le démon se déchaînait contre l'infortunée et lui persuadait que sa damnation était assurée.

Mais le divin Sauveur ne l'abandonnait pas. Il allait faire descendre sur elle l'Esprit consolateur, qui remplirait son âme de nouvelles lumières et de nouvelles forces. En effet, bien qu'elle eût vingt-deux ans, Marguerite n'était pas encore confirmée, et cela sans qu'il y eût en aucune manière de négligence de sa part. Le séjour presque continuel à Paris de Monseigneur l'évêque Jean de Meaupou, en qualité d'aumônier du roi Louis XIV, rendait alors très-rares les visites pastorales.

Il vint enfin à Vérosvre ; et l'heureuse Marguerite, confirmée par lui, obtint, comme marque particulière de sa confiance filiale envers la sainte Vierge, d'ajouter à son nom celui de Marie.

Elle se sentit toute renouvelée dans l'esprit de sacrifice et d'immolation. Avide d'expiation et de souffrances, elle passa les jours de carnaval puis de carême qui suivirent, dans des pénitences et des austérités excessives, s'offrant à Dieu comme victime expiatrice pour les péchés qui se commettent dans ces jours de licence. Elle continua cette pratique toute sa vie : elle eût voulu, dit-elle, se mettre en pièces pendant les trois derniers jours de carnaval pour réparer les outrages que les pécheurs font à Dieu. Le besoin de la souffrance était si puissant en elle, qu'elle croyait toujours n'avoir rien fait. Elle se jetait aux pieds du crucifix, et s'écriait : *Oh ! mon cher Sauveur, que je serais heureuse si vous imprimiez en moi votre image souffrante !* Et Notre-Seigneur lui répondait : *C'est ce que je veux, pourvu que tu ne résistes pas, et que tu y contribues de ton côté* (1).

Enfin, le moment approchait où les désirs de la chaste épouse du Sauveur allaient être réalisés : tout concourt à l'accomplissement des desseins

(1) Copie fidèle d'un mémoire de la bienheureuse.

de la divine Providence. Rien, ici-bas, ne se fait par hasard. Pour l'homme de foi, il est facile de découvrir les vues admirables de Dieu sous les voiles qui les dérobent aux incrédules.

Le vénérable Clément X venait de monter sur le trône pontifical ; et, suivant le pieux usage des papes, il avait ouvert un jubilé au moment de son exaltation. Les grâces extraordinaires que l'Église accorde dans ces graves circonstances, étaient alors reçues avec une reconnaissance bien plus grande que de nos jours, et célébrées avec de solennelles démonstrations de piété. Il n'était pas une famille qui ne se fît une obligation expresse d'en accepter toutes les prescriptions. On courait en foule aux confessionnaux ; les ennemis se réconciliaient, les divisions s'apaisaient ; les dettes étaient payées ; les grands coupables s'amendaient et pleuraient les erreurs de leur vie passée. Puis, au jour fixé, la table sainte était littéralement envahie par la foule recueillie, heureuse, régénérée ; sur tous tous les fronts se lisait une joie pure, image de celle qui régnait dans les âmes.

Madame Alacoque et ses enfants furent au nombre des familles que Dieu se plut à bénir plus particulièrement. Un religieux de l'ordre de Saint-François passa vers cette époque à Vérosvre, et disposa les habitants à profiter de la grâce du jubilé. Marguerite ne savait ce que c'était qu'une *direction* ; mais elle sentait intérieurement le besoin d'être conduite par l'obéissance. Bien souvent, déjà, elle avait fait des confessions générales ; et, dans le trouble de son âme, elle s'imaginait toujours devoir les recommencer. Et puis, ignorante et simple comme elle l'était, elle se croyait coupable de tous les péchés énormes qu'elle trouvait dans les examens de conscience imprimés dans les livres. Afin de n'en point oublier, après quinze jours d'examen, — j'ose dire de torture morale, — la pauvre fille se mit à copier toutes ces fautes ! La pensée de les avoir commises lui faisait verser d'abondantes larmes.

A peine eut-elle commencé cette étrange confession, que le bon Père l'interrompit et voulut lui faire passer plusieurs feuilles. Il avait compris l'innocente illusion de Marguerite, et lui dit : « Ma fille, votre confession doit être simple et sincère. Vous ne pouvez avoir commis les fautes dont vous vous accusez. Il ne faut rien omettre ; mais il ne faut rien ajouter. — Mais, mon Père, *je les ai peut-être faites* sans les connaître. D'ailleurs, je suis une si grande pécheresse que je n'en dirai jamais assez. Laissez-moi tout lire, je vous en prie (1). »

Après une confession faite dans de tels sentiments d'humilité, Marguerite éprouva les douceurs d'une paix délicieuse. Bien qu'elle n'eût pas osé s'ouvrir entièrement à son confesseur de ses attraits pour la pénitence, elle lui en dit néanmoins assez pour qu'il comprît avoir devant lui une âme éminemment favorisée de Dieu.

Peu à peu, il l'amena à lui faire part de sa vocation, et des entraves qu'y apportait sa famille. Le moment était décisif. Si le consentement ne pouvait être alors obtenu, tout était perdu ! Mais c'était l'heure du divin Maître. Peu après, le frère de Marguerite, auquel le religieux avait fait comprendre sa faute, lui demanda si elle persistait dans son dessein ; et, sur la réponse qu'elle lui fit de préférer la mort à la révocation de son vœu, il lui promit de s'occuper immédiatement de lui en faciliter les moyens.

Mais, en donnant ce consentement si longtemps différé, la famille de Marguerite persistait à vouloir la faire entrer aux Ursulines. La jeune fille eût pu se décourager, si la sainte Vierge, qu'elle avait invoquée avec ferveur par l'entremise de saint

(1) *Vie de la vénérable mère Marguerite-Marie,* par Mgr Languet.

Hyacinthe, ne l'eût elle même consolée, en lui disant avec une ineffable bonté : *Ne crains rien : tu seras ma vraie fille, et je serai toujours ta bonne mère* (1).

Elle ne perdit donc pas l'espérance, malgré toutes les difficultés qui lui étaient de nouveau opposées. En vain, on la conduisit au couvent où elle avait été élevée dans son enfance ; en vain les religieuses, — ses anciennes maîtresses, — s'efforcèrent de la décider à entrer dans leur communauté, et de l'éloigner de l'ordre de la Visitation ; en vain, on lui présenta le choix entre plusieurs maisons, elle répétait toujours : *Je veux aller aux Saintes-Maries* (2).

Enfin son frère résolut de la conduire visiter le monastère de Paray-le-Monial, pour lui faire voir des religieuses de cet ordre. Il espérait peut-être par là lui en inspirer de l'éloignement. Il lui fit promettre auparavant de ne parler en rien de son désir d'y être admise... Mais le cœur de Marguerite se dilata à ce seul nom de *Paray ;* et ce fût avec un sentiment de joie indicible qu'elle s'y laissa conduire.

A peine fut-elle entrée dans le parloir qu'une

---

(1) Copie fidèle d'un mémoire de la bienheureuse.
(2) *Idem.*

voix intérieure lui dit : *C'est ici que je te veux* (1).

La joie qu'elle ressentit alors ne peut se comparer qu'à celle d'un naufragé qui, après avoir vu mille fois sa barque près de se briser sur les récifs, arrive enfin au port. Elle déclara immédiatement à son frère qu'elle ne sortirait pas du couvent avant d'avoir fait tous les arrangements nécessaires pour son postulat. Celui-ci, pris ainsi à l'improviste, fort étonné d'une décision aussi prompte, n'opposa plus que de faibles objections. La fermeté de Marguerite l'emporta. Convaincu enfin que la volonté de Dieu se manifestait clairement, il se décida à terminer tout de suite une affaire qu'il s'était engagé en conscience à conclure d'une manière ou d'une autre.

Nous ne peindrons ni la joie pure et expansive de l'heureuse Marguerite-Marie lorsqu'elle se vit enfin au comble de ses vœux ; ni ce moment à la fois plein de douleur et de charmes où, s'inclinant sous la main maternelle, elle recevait les embrassements, les adieux, les bénédictions de sa mère ; ni les derniers efforts du démon, qui la fit arrêter frémissante et remplie de terreur sur le seuil de cette porte qui allait se refermer à jamais sur elle... Mais nous l'écouterons, triomphant de cette épouvantable

(1) Copie fidèle d'un mémoire de la bienheureuse.

tentation, s'écrier avec transport : *C'est ici le lieu de mon repos pour l'éternité* (1).

Elle avait vingt-trois ans, et se donnait ainsi à Dieu le 25 mai 1671.

Les épreuves de la vie de famille étaient terminées. Les épreuves bien autrement difficiles de la vie unie au Sauveur crucifié allaient commencer. Celles-ci devaient concourir à la gloire du Sauveur et à la consolation des affligés d'une manière si admirable, qu'en les retraçant, nous pourrons dire avec reconnaissance : « Heureux ceux qui souffrent persécution pour la justice ! »

(1) *Vie de la vénérable mère Marguerite-Marie,* par Mgr Languet.

FIN DE LA PREMIÈRE PARTIE.

DEUXIÈME PARTIE

MARGUERITE-MARIE AU COUVENT

DEPUIS SON ENTRÉE A PARAY-LE-MONIAL JUSQU'AU DÉPART DE
LA MÈRE GREYFFIER, L'UNE DE SES SUPÉRIEURES.

1671-1684

1

Obéissance et humilité de Marguerite-Marie. — Elle prend le
saint habit. — Ses transports de joie.

Ne rien demander, ne rien refuser: telle est la règle
suprême de l'ordre de la Visitation dans lequel allait
entrer Marguerite-Marie. L'esprit de douceur et de
charité, la candeur et la simplicité de l'enfance doivent animer toutes les paroles, toutes les actions des
religieuses. C'est ainsi qu'elles cherchent à retracer
les vertus qui firent de saint François de Sales, leur
fondateur, le plus aimable des saints.

Ne rien demander, ne rien refuser ! règle facile et
douce au premier abord, mais règle continuellement
crucifiante à la nature, qui conduit peu à peu, par

3

l'immolation perpétuelle de la volonté, à la plus
haute perfection.

Ne rien demander, ne rien refuser : n'exprimer
aucun désir, immoler même les plus innocents,
même les plus saints, si la volonté de Dieu ne s'y
manifeste par celle des supérieurs; accepter tout :
humiliations, mépris, contradictions; obéir *à la
lettre,* joyeusement, sans laisser paraître le moindre
signe de contrariété ou d'ennui ; quitter la prière, la
contemplation, les consolations sensibles, pour pratiquer l'obéissance qui vous appelle au réfectoire
ou à quelque ouvrage grossier ; faire enfin continuellement ce que l'on ne voudrait pas, et ne rien
faire de ce que l'on désire ; et cela tous les jours,
toutes les minutes, sans relâche, jusqu'à la mort...
n'est-ce pas le martyre le plus douloureux qui pût
être imposé à une âme qui n'y serait pas conduite
par une vocation sincère ?

Et cependant, c'est ce martyre que nous voyons
supporter avec une paix et une sérénité si admirables par les religieuses de la Visitation. Ah ! c'est que
l'obéissance rend doux ce qui est amer ; la couronne d'épines se change, sous le voile, en couronne
de roses ; et, déjà, ces âmes héroïques goûtent les
délices incomparables et célestes, que le divin Sau-

veur a promises à ceux qui, pour lui, renoncent à toutes les joies de la terre.

La bienheureuse en est un exemple frappant. Nous la verrons continuellement dans la souffrance et dans l'opprobre, — traitée de visionnaire, d'hypocrite par les personnes même les plus pieuses, éprouvée par ses supérieures qui se font un devoir de l'humilier et de la contredire, le cœur dans la sécheresse et dans un total abandon, le corps exténué par les austérités et les maladies, — ressentir cependant de si ineffables jouissances qu'elle s'écriera dans des élans de joie sainte] : *Suspendez, ô mon Dieu, ces torrents où je suis abîmée, ou étendez ma capacité pour les recevoir* (1).

Après la lutte terrible que Marguerite-Marie avait eue à supporter avant de franchir les murs du cloître où elle allait s'enesvelir pour toujours, elle sentit une paix profonde et une telle allégresse qu'elle s'efforçait en vain d'en modérer les transports.

Mais, en même temps, elle s'humiliait de plus en plus de se voir admise dans la société des saints, elle qui se croyait indigne de baiser la trace de leurs pieds ! En pénétrant dans cet asile sacré, où rien ne devait plus lui rappeler le monde et ses vanités, où

(1) Copie fidèle d'un mémoire de la bienheureuse.

Dieu demande, non plus le simple accomplissement des vertus chrétiennes, mais l'héroïsme même de ces vertus, elle prit la résolution de devenir sainte elle-même. Ce fut son but unique : elle n'en chercha plus d'autre.

Mais comment acquérir cette sainteté ? *Par l'obéissance;* cette obéissance dont elle avait eu dans le monde comme une révélation, qui lui découvrait maintenant la volonté du divin Maître par celle de ses supérieures.

Elle fut remise entre les mains de la mère Anne-Françoise Thouvant, maîtresse des novices. C'était la première personne de Paray-le-Monial qui eût pris le voile dans cette ville. Elle était professe depuis quarante ans, et possédait un don particulier pour la conduite et le discernement des âmes. Marguerite-Marie lui ouvrait la sienne avec la simplicité d'un enfant. C'était bien un enfant, en effet, par la candeur et la sainte ignorance. Élevée, sans le savoir, à un haut degré dans l'oraison, elle demandait dès les premiers jours à la maîtresse des novices de lui enseigner une méthode. *Allez vous mettre devant le Seigneur, comme une toile d'attente devant un peintre* (1). Telle fut la réponse de la mère Thouvant.

(1) Copie fidèle d'un mémoire de la bienheureuse.

Marguerite-Marie n'ose rien demander davantage; *Viens*, dit Notre-Seigneur, *je te l'apprendrai* (1). Elle va devant le saint Sacrement, se prosterne en silence.

Alors, une lumière subite l'éclaire : cette toile d'attente, c'est son âme; et, sur cette âme privilégiée, le divin Sauveur retracera les traits de sa vie souffrante : amour, privation, action, silence, sacrifice. Au même instant, elle sent son cœur purifié de toute affection charnelle; elle ne désire plus qu'aimer et souffrir.

Cette soif de souffrances la fit une fois passer les bornes de la sainte obéissance, et pratiquer une pénitence qui ne lui était pas permise. Saint François de Sales lui apparut alors et lui dit : *Penses-tu plaire à Dieu, ma fille, en passant les limites de l'obéissance, laquelle est le principal soutien et le fondement de cette Congrégation, et non pas les austérités* (2)?

Frappée de ces paroles, jamais Marguerite-Marie ne retomba dans cette faute.

Son postulat s'était passé dans la ferveur. — En célébrant avec une joie céleste ses fiançailles spirituelles le jour de la Saint-Louis 1671, elle fut telle-

(1) Copie fidèle d'un mémoire de la bienheureuse
(2) *Idem.*

ment enivrée qu'elle se sentit comme hors d'elle-
même , et presque incapable de toute action
extérieure. Son humilité s'en alarmait. Elle eût
voulu que personne ne pût soupçonner ces effusions
de l'amour divin.

Mais ses transports devinrent tels qu'il lui fut
impossible de les cacher. L'esprit des filles de Sainte-
Marie est surtout un esprit de simplicité qui doit
suivre les voies ordinaires, aussi déclara-t-on à la
novice que, si elle sortait de cet état, elle ne pourrait être reçue professe.

Quelle épreuve pour cette âme, tellement investie
de la présence de Dieu que, malgré ses efforts, il
lui était impossible de suivre les points d'oraison
que la maîtresse des novices lui donnait à méditer !
En vain on l'exerçait aux ouvrages les plus grossiers,
les plus fatigants; tout en les exécutant, Marguerite-
Marie était abîmée devant le divin Maître. Rien ne
pouvait l'en distraire. Sa joie de souffrir quelque
chose pour lui était telle, que des chants d'amour s'é-
chappaient de ses lèvres ou plutôt de son cœur. Elle
chantait :

> Plus l'on contredit mon amour,
> Plus cet unique Bien m'enflamme;
> Que l'on m'afflige nuit et jour,
> On ne peut l'ôter à mon âme.

Plus je souffrirai de douleur,
Plus je m'unirai à son Cœur (1).

Elle avait demandé des humiliations ; Dieu l'exauçait d'une telle manière que souvent elle s'écriait : *Hélas, Seigneur, venez à mon secours, puisque c'est vous qui en êtes la cause* (2). Alors le Sauveur lui montrait qu'elle ne pouvait rien sans lui, et qu'elle devait, à une grande confiance, joindre le sentiment toujours plus profond de sa misère. Du reste, la maîtresse des novices correspondait aux desseins de Dieu sur cette âme. Elle saisissait toutes les occasions de la mortifier. La bienheureuse, dans ses Mémoires, en rapporte un exemple que nous ne saurions passer sous silence.

Marguerite-Marie avait une aversion insurmontable, — héréditaire dans sa famille, — pour un certain aliment fort en usage dans nos mœurs. Un jour, soit par mégarde, soit pour l'éprouver, on lui en servit une portion comme aux autres novices. Il est impossible de raconter les combats que Marguerite-Marie eut à soutenir intérieurement pour se décider à manger de ce mets. Ce sacrifice lui semblait tellement au-dessus de ses forces, qu'elle faisait

(1) Copie fidèle d'un mémoire de la bienheureuse.
(2) *Idem.*

compassion à sa maîtresse ; et, pourtant, elle voulait l'accomplir. *Hélas !* s'écriait-elle, *que ne m'ôtet-on la vie, plutôt que de me laisser manquer à l'obéissance* (1).

Cette répugnance invincible dura trois jours : *Il faut vaincre ou mourir,* répétait-elle encore. *Hélas ! mon Dieu, m'avez-vous abandonnée ? Eh quoi ! faut-il qu'il y ait encore quelque réserve dans mon sacrifice, et que tout ne soit pas consumé en parfait holocauste ?*

Elle gémissait ainsi devant le saint Sacrement. Soudain, une parole la ranime : *Il ne faut point de réserve à l'amour.*

Elle court se jeter aux pieds de la mère Thouvant : elle obéit ! Mais cette mortification lui est si étrangement pénible que, pendant huit années, chaque fois que la sainte obéissance la lui demandait, elle sentait les mêmes répugnances.

A chaque victoire, le divin Maître lui prouvait sa satisfaction en l'inondant de telles consolations, qu'elle avoue être impuissante à les exprimer.

Cependant, le temps où elle devait faire profession approchait ; les supérieures, craignant toujours quelque illusion dans la piété de la novice, lui répétèrent, qu'en raison des voies extraordinaires où

_____

(1) Copie fidèle d'un mémoire de la bienheureuse.

elle se laissait entraîner, elle ne pourrait être admise dans l'ordre de la Visitation. La pauvre Marguerite-Marie court tout en larmes devant le saint Sacrement. *Hélas! mon Seigneur, s'écrie-t-elle, vous serez donc cause que l'on me renverra?* Et le bon Maître lui répond : *Dis à ta supérieure qu'il n'y a rien à craindre à te recevoir; que c'est moi qui l'en assuré* (1).

La novice rapporte avec candeur ce pieux entretien. La supérieure, toujours guidée par la prudence, lui commande de demander à Notre-Seigneur, en signe de sa promesse, de la rendre utile à la communauté par une exacte obéissance à la règle. *Je t'accorde tout cela, ma fille, dit-il,... tu pourras tenir désormais pour suspect tout ce qui te retirera de l'exacte pratique de ta règle, laquelle je veux que tu préfères à tout le reste. De plus, je serai content que tu préfères la volonté de tes supérieures à la mienne, lorsqu'elles te défendront de faire ce que je t'aurai ordonné... Je ne me réserve que la conduite de ton intérieur, et particulièrement de ton cœur : ayant établi en lui l'empire de mon pur amour, je ne le céderai jamais à d'autres.*

Cette communication rassura les supérieures :

(1) Copie fidèle d'un mémoire de la bienheureuse.

3.

elles résolurent d'éprouver immédiatement l'obéissance et l'humilité de la novice, dans une chose bien simple en elle-même. Mais les petits sacrifices ne sont-ils pas souvent plus difficiles à accomplir, que ceux qui semblent le plus éclatants aux yeux des hommes ?

On lui confie la garde d'une ânesse et de son ânon ; on lui commande de ne les retenir par aucun lien, et de les laisser paître en liberté dans un enclos qui tient à un potager. On lui défend en même temps expressément de les laisser aller dans ce potager. Elle, qui se fût trouvée si heureuse de rester en silence aux pieds du Sauveur, la voilà courant de côté et d'autre pour ramener au pâturage de vils animaux, qui semblent se faire un jeu de ses courses haletantes et précipitées.

Toute autre que Marguerite-Marie eût perdu patience, et fût allée demander grâce à ses supérieures... Mais les saints voient Dieu partout. *Saül, en cherchant des ânesses, a trouvé le royaume d'Israël*, se disait-elle, *eh bien, moi je vais m'efforcer de trouver le royaume du ciel* (1).

(1) *Vie de la vénérable mère Marguerite-Marie*, par Mgr Languet. La bienheureuse raconte ce fait comme ayant eu lieu *après* sa profession. Mgr Languet et M. l'abbé Marillier le font précéder à cette époque.

La retraite préparatoire à la profession arriva. La bienheureuse continuait sans se plaindre, quel que fût son désir de participer aux exercices. Enfin, les supérieures, satisfaites de sa soumission, mirent fin à l'épreuve. D'après leur ordre exprès, elle dut rendre compte par écrit des dispositions de son esprit pendant ces journées si étrangement employées... « J'étais aussi consolée et aussi satisfaite, « écrit-elle, que si j'avais été tout le jour en orai- « son devant le saint Sacrement. Alors, je reçus de « si grandes grâces, que jamais je n'en avais senti « de semblables, surtout ce que Notre-Seigneur « me fit connaître sur le mystère de sa passion et « de sa mort; mais c'est un abîme que je ne puis « exprimer. C'est là ce qui m'a donné tant d'amour « pour la croix que je ne puis vivre un moment « sans souffrance; mais souffrir en silence, sans con- « solation, sans soulagement, sans compassion... »

« Les soirs, quoique fort lasse et fatiguée de mes « courses, je jouissais d'une si grande paix que ma « seule inquiétude était de ne pas aimer assez Dieu. « Un soir que je ne pouvais reposer, et que je cher- « chais à me soulager en changeant de côté, mon « divin Maître me dit : « *Lorsque je portais la croix,* « *je ne la changeais pas de côté pour me soulager.* »

C'est ainsi que la bienheureuse se servait de tout pour se préparer à la grâce de la profession. Elle était presque continuellement si abîmée en Dieu que, pendant l'oraison, elle ne pouvait faire autre chose qu'aimer et se perdre en lui. Le doux Sauveur, dans la sainte communion, la pénétrait d'une manière admirable de sa divine présence, et lui parlait cœur à cœur. Il lui disait de vivre désormais comme ne vivant pas, de n'avoir d'autre volonté que la sienne : *Aimer et souffrir à l'aveugle : telle doit être ta devise. Un seul cœur, un seul amour, un seul Dieu* (1).

Et Marguerite-Marie, incapable de terminer son oraison à la manière ordinaire, se contentait d'écouter et d'aimer, disant ces seuls mots : *Mon Dieu, je vous offre votre Fils aimé pour me servir d'actions de grâces de tous les biens que vous m'avez faits, pour ma demande, pour mon offrande, pour mon adoration et pour toutes mes résolutions, enfin je vous l'offre pour mon amour et pour mon tout. Recevez-le, Père éternel, pour suppléer à tout ce que vous désirez de moi, puisque je n'ai rien à vous offrir qui ne soit indigne de vous, sinon Jésus, mon Sauveur, dont vous me donnez la possession et la jouissance* (2).

(1) Copie fidèle d'un mémoire de la bienheureuse.
(2) *Idem.*

II

Marguerite-Marie fait profession. — Notre-Seigneur se communique à elle d'une manière sensible. — Elle désire être humiliée. — Elle conjure le Sauveur de cacher toutes les grâces dont il la favorise.

Il y a, dans la vie religieuse, des moments de bonheur céleste dont rien ne peut donner l'idée. Ce doux épanouissement des cœurs, cette lumière si pure et si éblouissante des choses de Dieu, ces visions admirables où l'âme participe déjà aux inénarrables félicités de la patrie ; tous ces ravissements et ces transports, toutes ces extases et ces consolations, comment les raconter, comment chercher à en retracer une image imparfaite ? Pénétrer dans ces asiles sacrés où se cachent les épouses du Sauveur, soulever le voile dont elles s'enveloppent ; rapporter ces suaves et mystérieux entretiens d'un Dieu avec ses créatures... quelle tâche à la fois délicate et forte ! Si, déjà notre main a tremblé dans les lignes qui précèdent, que sera-ce maintenant qu''il faut à chaque page redire les paroles brûlantes du divin Maître !... Ah ! du moins, puissions-nous nous écrier comme les disciples d'Emmaüs : « Ne sentions-nous pas notre cœur

« tout embrasé lorsqu'il s'entretenait avec nous ? »

O Seigneur Jésus, que puis-je faire? Comment oser parler de vous, de votre amour pour les hommes, de ce Cœur adorable, de cette manifestation éclatante de votre infinie miséricorde? Seigneur, pourquoi avoir choisi une si indigne créature pour rapporter ces choses mystérieuses et trop souvent incomprises?... Vous le voulez, j'obéis, je me perds, je m'abîme, et je vous invoque ! Soyez ma lumière, mon guide, mon divin Maître, ma récompense !

Elle était sur le Thabor, notre bienheureuse. Jésus venait de l'admettre à l'honneur d'être son épouse (6 novembre 1672).

Les trois vœux étaient prononcés ; les prières des morts, récitées sur cette innocente victime, la séparaient à jamais du monde. Morte pour les hommes, elle vivrait désormais pour Dieu seul.

Éperdue et tremblante, à la vue des faveurs dont la gratifiait son Époux, son humilité s'en alarmait. Elle *souffrait* de ne *pouvoir souffrir* avec le divin Crucifié. Et lui, pour la rassurer : *Laisse-moi faire ; chaque chose a son temps. Je veux que tu sois maintenant comme le jouet de mon amour, et tu dois vivre ainsi abandonnée à mes volontés, sans vues ni résistance, me laissant contenter même à tes dépens ; mais tu n'y perdras rien. Sois toujours disposée à me recevoir ; car désormais, je veux faire ma demeure en toi pour converser et m'entretenir avec toi* (1).

Cette promesse du Sauveur s'accomplit alors d'une telle manière, que Marguerite-Marie le sentait et le voyait toujours auprès d'elle. Abîmée par cette adorable présence, elle eût voulu être sans cesse à genoux. Lorsqu'elle était seule, elle se prosternait aussitôt, et travaillait ainsi, s'humiliant de plus en plus. Dieu imprimait en son âme un tel sentiment de sa misère qu'elle n'osait paraître en public. Elle ne pouvait plus se supporter elle-même. Elle ne cherchait que mépris ; elle eût fait pour cela ces saintes folies que l'esprit de saint François de Sales défend, et auxquelles s'opposait expressément la mère de Saumaise, sa supérieure.

Cette pieuse religieuse avait été élue supérieure de Paray-le-Monial l'année même de la profession de Marguerite-Marie. C'était une femme d'une grande fermeté et d'une extrême prudence, qui laissa dans ce monastère, comme dans tous ceux qu'elle dirigea, un parfum d'éminente sainteté. Si elle conduisit Marguerite-Marie par la voie rude,

(1) Copie fidèle d'un mémoire de la bienheureuse.

c'était afin de faire croître en elle les vertus d'obéissance et d'humilité, à proportion des grâces singu-
lières qu'elle recevait. Elle cherchait à mortifier en
tout la volonté de la nouvelle professe.

Le parloir était pour Marguerite une espèce de
purgatoire. Elle eût désiré n'y paraître jamais ; car
c'était encore le monde avec ses flatteries et ses atta-
ches sans nombre. Sa répugnance sur ce point fut si
grande que, dans la suite, elle se lia par un vœu
particulier par lequel elle promit d'aller au parloir
sans jamais témoigner aucune contrariété lorsqu'elle y serait appelée. La supérieure exigeait
qu'elle y allât de temps en temps ; et notre bienheureuse conjurait le Sauveur de cacher les grâces
dont il la favorisait, et de faire qu'aux yeux du
monde, tout tournât à sa confusion. Cette prière,
nous la verrons pleinement exaucée.

Un sacrifice plus grand peut-être encore pour
elle que d'aller au parloir, lui fut imposé. On exigea
qu'elle rendît compte par écrit de l'état de son âme.
Elle le fit toute sa vie avec un si profond sentiment
de son indignité, que l'on se demande, en lisant ses
lettres et ses mémoires, ce que l'on doit le plus admirer, ou des grâces extraordinaires dont la comblait Notre-Seigneur, ou de l'humilité de sa fidèle

servante. Encore demandait-elle avec instance que l'on brûlât toutes ses révélations aussitôt lecture faite, et qu'on lui en gardât un secret éternel.

Son désir d'être humiliée était tel, que le divin Maître lui ayant dit un jour de réitérer le sacrifice qu'elle lui avait déjà fait tant de fois de sa liberté et de toute sa personne, elle imposa avec simplicité cette condition à Notre-Seigneur : *Pourvu, ô mon souverain Maître, que vous ne fassiez jamais rien paraître d'extraordinaire en moi, si ce n'est ce qui pourra m'humilier le plus devant les créatures, et m'enlever leur estime* (1).

Ce qui contribuait d'une manière merveilleuse à la faire marcher à pas de géant dans la voie de la perfection, c'était l'obéissance passive avec laquelle elle se soumettait aux ordres de ses supérieures. Cette obéissance dépassait, pour ainsi dire, celle qu'elle observait envers Dieu. Lui-même la lui avait ainsi recommandée : *Tu te trompes en pensant me plaire par des actions ou des mortifications de ton choix. Sache que je rejette tout cela comme des fruits corrompus de ta propre volonté, laquelle m'est en horreur dans une âme religieuse. J'aurais plus agréable qu'elle prît toutes ses petites commodités par obéis-*

(1) Copie fidèle d'un mémoire de la bienheureuse.

sance, que de s'accabler d'austérités et de jeûnes de sa
propre autorité. Sache, lui dit-il encore une autre
fois qu'elle s'était sentie un peu attristée de se voir
empêchée de faire oraison avec la Communauté,
— sache que l'oraison de soumission et de sacrifice
m'agrée plus que la contemplation, quelque sainte
qu'e.le soit.

C'est que la bienheureuse avait un tel désir de
souffrir, que c'était là une de ses tentations habituel-
les : dépasser les pénitences et les austérités qu'on
lui permettait. Elle ne pouvait comprendre que l'on
pût aimer Jésus-Christ, sans aimer et désirer la
souffrance ; et, bien que sa vie ait été pour ainsi dire
une agonie perpétuelle, elle répétait qu'elle souffrait
excessivement par la crainte d'être un seul moment
sans souffrance. Parfois, même, elle allait jusqu'à
désirer d'endurer les peines de l'enfer, afin qu'il n'y
eût pas un seul endroit où Jésus ne fût aimé.

Notre-Seigneur, qui la voulait comme un instrument docile entre ses mains, ne lui permettait
même pas de lui offrir les pénitences qu'elle s'imposait sans son ordre. Un jour qu'elle poursuivait,
au delà de ces sages limites, une prière à la sainte
Vierge, le divin Maître l'arrêta par ces paroles :
Voilà qui est pour le démon.

Une autre fois, elle continuait à se servir de la discipline pour les âmes du purgatoire, bien que les bornes prescrites fussent dépassées. Ces saintes âmes l'environnent en se plaignant qu'elle frappait sur elles. Marguerite-Marie prit désormais la résolution de mourir, plutôt que de retomber dans ces pieux excès.

Cependant les délices ineffables dont elle fut comblée pendant les premières semaines qui suivirent sa profession, lui firent adresser ce tendre reproche au divin Sauveur (1) : *Eh quoi! mon Dieu, me laisserez-vous toujours sans souffrir?* Au même instant, elle aperçoit une croix immense toute couverte de fleurs, et ces paroles se font entendre : *Voilà le lit de mes chastes épouses. C'est là que le feu de mon pur amour doit consommer ton sacrifice : peu à peu, ces fleurs tomberont, et il ne restera que les épines, cachées à présent sous ces fleurs à cause de ta faiblesse; mais un jour, elles te feront sentir si vivement leurs pointes, que tu auras besoin de toute la force de mon amour pour en supporter la douleur.* »

Et la bienheureuse ajoute : *Ces paroles me réjouirent!*

Elle se laissait consumer de plus en plus par ces

(1) Copie fidèle d'un mémoire de la bienheureuse.

trois désirs : l'un, de souffrir pour Dieu ; l'autre, de l'aimer et de communier ; le troisième, de mourir pour s'unir à lui.

Le moment approchait où les faveurs spirituelles allaient faire à la fois son bonheur et son tourment ; mais, avant d'arriver à cette marque si admirable de l'amour de Jésus-Christ pour les hommes, dévoilons un instant les ardeurs infinies du cœur de la bienheureuse pour la divine Eucharistie.

III

Amour de Marguerite-Marie pour la divine Eucharistie. — Notre-Seigneur découvre son Cœur adorable à la bienheureuse. — Il lui ordonne de l'honorer principalement les premiers vendredis de chaque mois. — Visions. — Souffrances. — Oppositions de la supérieure. — La sainte Vierge guérit Marguerite-Marie.

Recevoir *le Dieu de son cœur, et le Cœur de son Dieu,* c'était pour Marguerite-Marie une joie ineffable, une consolation, un repos, une force, une espérance, une félicité sans bornes. Les nuits qui précédaient ses communions se passaient en transports de reconnaissance et d'amour ; elle soupirait après l'heureux moment de son union avec le Sauveur ; et ces chastes désirs se retrouvaient jusque dans son sommeil. Lorsqu'enfin elle le sentait repo-

ser en son cœur, anéantie, perdue, investie par la
présence de Dieu, elle se taisait, elle écoutait, elle
adorait en silence. Elle eût voulu rester à ses pieds,
mais l'obéissance, plus forte encore que les attraits
délicieux qui remplissaient son âme, l'appelait à
des occupations qui ne la détournaient en rien de
la présence de son Bien-Aimé. Si elle se sentait un
moment de loisir, c'était pour courir devant le
saint Sacrement. Aussi avec quelle joie elle voyait
arriver les jours de fête qui lui donnaient la liberté
de rester des heures entières à l'église, toujours à
genoux, les mains jointes, le corps immobile. Que
de grâces elle obtenait ainsi, non-seulement pour
elle, mais surtout pour les autres! elle offrait au
Sauveur les cœurs des jeunes filles qui lui avaient
été confiées comme sous-maîtresse des pensionnaires; elle communiait à leur intention; elle cherchait à leur inspirer une ardeur toujours croissante
pour le pain des Anges.

Le divin Maître lui avait appris que la moindre
distraction en son adorable présence lui déplaît
beaucoup. Marguerite-Marie s'efforçait de ne s'en
permettre aucune. Lorsque, par fragilité, il lui en
échappait quelqu'une, elle courait prier la supérieure de lui infliger une punition. Quelque malade

qu'elle fût, on ne la vit jamais s'asseoir devant le saint Sacrement. « Un jeudi saint, a écrit sa supé-« rieure, sortant d'une grosse maladie, elle me « pressa tant de lui permettre de passer cette nuit « là à l'église, qu'il me fut impossible de lui refuser. « Elle alla se mettre à genoux le soir au milieu du « chœur, où elle resta immobile jusqu'à huit heures « du matin, qu'elle vint prendre sa place avec les « autres pour dire l'office, et elle m'avoua depuis « que Notre-Seigneur lui avait fait part pendant cette « nuit-là des douleurs extrêmes de son agonie, et « qu'elle n'avait jamais passé nul temps de sa vie « dans un état plus conforme à son inclination, « parce qu'elle n'avait jamais tant souffert (1). »

A partir de ce jour, elle obtint presque tous les ans la permission de passer ainsi la nuit du jeudi saint, sans se donner aucun soulagement; mais, joignant toujours l'obéissance à toutes les pratiques, elle prouvait en même temps qu'elle savait renoncer en tout à sa volonté propre. Pendant une de ces nuits, une jeune religieuse alla lui dire que la supé-rieure lui ordonnait d'aller se chauffer. La bien-heureuse obéit immédiatement, et revint un quart

(1) *Abrégé de la vie de la sœur Marguerite-Marie*, par le Père Croiset.

d'heure après reprendre ses adorations. Elle avoua à l'une des sœurs qui lui demanda comment elle pouvait rester dans une position si gênante, que, pendant ces heures, elle ne savait si elle avait un corps, tant les souffrances de Jésus-Christ l'occupaient. — *Non*, disait-elle encore, *je ne sais comment une épouse de Jésus crucifié peut ne pas aimer la croix et la fuir : n'est-ce pas fuir en même temps celui qui l'a portée pour notre amour, et qui en fait l'objet de ses désirs !* (1)

Elle avait une crainte si excessive de porter quelque souillure à la Table sainte, qu'elle était presque toujours dans un grand trouble en faisant son examen de conscience. Trouvant à peine quelques fautes légères à déclarer, elle s'imaginait être aveuglée par l'orgueil, et se croyait coupable de tous les péchés qu'elle ne pouvait découvrir. Un jour, Dieu la consola en ces termes : *Pourquoi te tourmentes-tu ? Fais ce qui est en ton pouvoir. Je n'aime rien tant qu'un cœur contrit et humilié, qui, d'une volonté sincère de ne plus me déplaire, s'accuse sans aucun déguisement* (2).

(1) *Vie de la vénérable mère Marguerite-Marie*, par Mgr Languet.
(2) Copie fidèle d'un mémoire de la bienheureuse.

C'est par la douceur de ces amertumes que Notre-Seigneur préparait sa fidèle servante à recevoir
ses intimes confidences.

Saint François de Sales, en donnant pour armes
à l'ordre de la Visitation, un cœur percé de deux
flèches, dans une couronne d'épines surmontée
d'une croix, aux initiales de Jésus et de Marie, avait-
il un pressentiment de la consolante dévotion qui,
bien des années après, devait prendre naissance
chez les filles de Sainte-Marie ? C'est une question
que soulève le pieux et éloquent auteur de l'histoire
de sainte Chantal. Quoi qu'il en soit, ce rapprochement est si remarquable, que nous aimons à le
faire ici, et à penser que le Cœur adorable du Sauveur se pencha vers celui du doux fondateur, et lui
révéla une partie de ses desseins pleins de miséricorde.

Du reste, saint François de Sales s'était exprimé
en ces termes en fondant l'ordre de la Visitation.
« Les religieuses de la Visitation pourront porter
« le nom de filles évangéliques, établies particu-
« lièrement en ce siècle pour être les imitatrices
« des deux plus chères vertus du sacré Cœur du
« Verbe incarné, la douceur et l'humilité, qui sont
« la base et le fondement de leur ordre, et leur don-

« nent ce privilége et cette grâce incomparables
« de porter le nom de *filles du Cœur de Jésus* (1). »

L'une des supérieures de l'ordre de la Visitation
de Melun, morte dans cette ville en odeur de sainteté en 1661, bien avant que Marguerite-Marie fît
profession, avait eu une révélation à ce sujet. Son
historien rapporte ceci : « Dieu fit connaître à la
« mère Anne Clément que, pendant que saint Fran-
« çois de Sales était sur la terre, il faisait son séjour
« dans le Cœur de Jésus-Christ, où son repos ne
« pouvait être interrompu que par ses grandes occu-
« pations; que, comme Moïse conversant familière-
« ment avec Dieu devint le plus doux des hommes,
« de même ce bienheureux par sa familiarité avec
« Dieu arriva à la perfection des deux vertus du
« Cœur de Jésus-Christ, l'humilité et la douceur :
« que ce saint législateur a été inspiré de fonder
« un Ordre dans l'Église pour honorer l'adorable
« Cœur de Jésus-Christ, et ses deux plus chères
« vertus, qui sont le fondement des règles et des
« constitutions de la Visitation; qu'il n'y avait point
« d'ordre qui fît une profession particulière de ren-
« dre hommage à ce divin Cœur. Il y en a qui ho-
« norent les prédications de Notre-Seigneur, d'au-

(1) *Vie de saint François de Sales*, par M. Dupuy.

4

« tres ses jeûnes, quelques-uns sa solitude, quelques
« autres sa pauvreté; mais celui de la Visitation est
« établi pour rendre un continuel hommage à son
« Cœur, et pour imiter sa vie cachée (1). »

Un jour, Marguerite-Marie, absorbée dans une
lecture spirituelle de règle, voit soudain apparaître
le divin Sauveur. Il lui dit : *Je veux te faire lire
dans le livre de la vie où est contenue la science de
l'amour* (2).

Au même instant, il lui découvre son Cœur blessé
pour nous; il y trace ces mots : *Mon amour règne
dans la souffrance; il triomphe dans l'humilité; il
jouit dans l'unité.*

Cette vision était comme le prélude de celles qui
devaient en être le couronnement.

Notre bienheureuse était professe depuis environ
deux ans. Elle se trouvait en présence du très-
saint-Sacrement ; et, sachant qu'elle avait un peu
plus de temps qu'à l'ordinaire, elle s'abandonnait
aux effusions de son amour. Ravie tout à coup en
Dieu avec une puissance irrésistible, elle s'oublie
elle-même, et se trouve sur la poitrine adorable
du Sauveur (1674).

(1) *Vie de la mère Anne-Marguerite Clément.*
(2) *Vie de la vénérable mère Marguerite-Marie*, par Mgr Languet.

Longtemps elle s'y repose avec un inexprimable bonheur ; pendant cette extase, il daigne lui découvrir les mystères de son amour et les secrets de son Cœur. *Mon divin Cœur*, dit-il, *est si rempli d'amour pour les hommes et pour toi en particulier, que, ne pouvant plus contenir en lui-même les flammes de son ardente charité, il faut qu'il les répande par ton moyen, et qu'il se manifeste à eux pour les enrichir des trésors qu'il renferme. Je te découvre le prix de ces trésors : ils contiennent les grâces de sanctification et de salut nécessaires pour les tirer de l'abîme de perdition. Je t'ai choisie, nonobstant ton indignité et ton ignorance, pour l'accomplissement de ce grand dessein, afin qu'il paraisse mieux que tout soit fait par moi* (1). *Donne-moi ton cœur.*

Éperdue, la bienheureuse supplie Notre-Seigneur de le prendre lui-même. Au même instant, elle le voit tel qu'un atome se consumer dans l'ardeur des flammes du Cœur de Jésus. A ce contact divin, il s'embrase et prend l'apparence d'une flamme ardente, que Notre-Seigneur remet à la place du cœur de Marguerite-Marie en lui disant : *Voilà, ma bien-aimée, un gage précieux de mon amour. J'ai renfermé dans ton côté une petite étincelle des plus vives flammes*

(1) Copie fidèle d'un mémoire de la bienheureuse.

de cet amour, pour te servir de cœur, et pour te consu-
mer jusqu'au dernier moment de ta vie. Son ardeur ne
s'éteindra point, et tu ne pourras y trouver de rafraî-
chissement que quelque peu dans la saignée ; encore ce
remède t'apportera-t-il plus d'humiliations et de souf-
frances que de soulagement. C'est pourquoi je veux que
tu la demandes simplement, tant pour pratiquer ce
qui est prescrit par la règle que pour te donner la con-
solation de répandre ton sang sur la croix des humi-
liations. Enfin, pour te laisser une marque que cette
grâce n'est point une imagination, et qu'elle doit être le
fondement de toutes celles que je veux encore te faire,
quoique j'aie refermé la plaie de ton côté, la douleur
pourtant t'en restera toujours. Tu n'as pris jusqu'à
présent que le nom de mon esclave ; je te donne main-
tenant celui de disciple bien-aimée de mon Sacré-
Cœur (1).

Marguerite-Marie, en revenant à elle, était tellement enivrée que, pendant plusieurs jours, il lui
fallut se faire une extrême violence pour suivre la
règle ordinaire. Le sommeil, la nourriture, le parler, la récréation, tout lui était d'un poids insupportable.

En vain, sur l'ordre de la supérieure, elle s'ef-

(1) Copie fidèle d'un mémoire de la bienheureuse.

forçait de rendre compte de ce qui s'était passé,
elle ne savait si, pendant ce ravissement, elle avait
été dans le ciel ou si elle était restée sur la terre ;
elle sentait une *si grande plénitude de Dieu ;* elle
était à la fois si heureuse et si confuse, qu'elle eût
préféré mille fois dire ses péchés au monde entier,
plutôt que d'être obligée de révéler de telles faveurs. Peut-être même eût-elle craint l'illusion,
sans la douleur aiguë qui lui restait au côté, et que
le Sauveur lui avait laissée comme gage des grâces
qu'il lui destinait.

La supérieure parut ne faire aucune attention aux
révélations de la professe. Elle la traita de visionnaire ; et Marguerite-Marie, heureuse d'être humiliée, ne chercha de consolation que dans le Cœur de
Jésus. Quand elle eut déclaré, dans un grave état de
souffrance où l'on craignait pour sa vie, que la saignée pourrait seule la soulager, le médecin et la
supérieure n'en voulurent rien croire pendant
longtemps. Réduite à l'extrémité, on essaya enfin
de ce remède indiqué par la bienheureuse. Un instant après, la malade respira librement, et se
trouva si forte qu'elle put sortir de l'infirmerie (1).

(1) *Vie de la vénérable mère Marguerite-Marie,* par Mgr Languet.

A partir de cette première confidence du Sacré-Cœur, tous les premiers vendredis de chaque mois devinrent pour la servante de Dieu des jours d'ineffables faveurs. Elle voyait le Cœur divin brillant comme le soleil darder sur son cœur des rayons de feu ; et, tandis qu'elle se sentait consumée, le divin Maître l'instruisait. Une fois entre autres, Jésus-Christ lui apparaît, rayonnant de gloire ; ses cinq plaies étincellent ; mais celle du cœur est plus ardente encore. Elle semble comme le foyer de toutes les autres flammes. Au même instant, Notre-Seigneur lui découvre les merveilles de son amour envers les hommes, dont il ne reçoit qu'ingratitude et mépris. *Ce fut là*, dit-il, *ce qui me fut le plus sensible dans ma douloureuse passion. S'ils m'aimaient, tout ce que j'ai fait pour eux paraîtrait peu de chose à mon amour ; mais ils n'ont pour moi que de la froideur, et ils ne répondent à mes empressements que par des rebuts : toi, du moins, donne-moi cette consolation de suppléer à leur ingratitude autant que tu le pourras* (1).

Alors, la bienheureuse représente à Notre-Seigneur son impuissance. *Tiens*, reprend-il, *voilà de quoi suppléer à tout ce qui te manque.*

(1) Copie fidèle d'un mémoire de la bienheureuse.

Elle voit sortir du divin Cœur une flamme si dévorante, qu'elle ne peut en supporter l'ardeur, et qu'elle conjure Notre-Seigneur d'avoir pitié de sa faiblesse.

Je serai ta force, ne crains rien; mais sois attentive à ma voix, et à ce que je te demande pour te disposer à l'accomplissement de mes desseins. Tu me recevras à la sainte communion autant de fois que l'obéissance te le permettra, quelque mortification et humiliation qu'il doive t'en arriver; car ce sont des gages de mon amour. Tu communieras de plus tous les premiers vendredis de chaque mois. Toutes les nuits du jeudi au vendredi je te ferai participer à cette mortelle tristesse que j'ai bien voulu ressentir au jardin des Olives, et cette participation à ma tristesse te réduira à une espèce d'agonie plus rude à supporter que la mort. Tu m'accompagneras dans cette humble prière que je présentai alors à mon Père parmi toutes mes angoisses, et pour cela, tu te lèveras entre onze heures et minuit, et tu demeureras prosternée avec moi pendant une heure la face contre terre, tant pour apaiser la divine colère, en demandant miséricorde pour les pécheurs, que pour honorer et adoucir en quelque façon l'amertume que je sentis alors de l'abandon de mes apôtres..... Pendant cette heure, tu feras ce que je t'enseignerai. Mais écoute, ma fille,

ne crois pas légèrement à tout esprit, et ne t'y fie pas.
Le démon est furieux contre toi. Il cherche à te trom-
per : c'est pourquoi ne fais rien sans l'approbation de
ceux qui te conduisent, afin qu'étant appuyée sur l'o-
béissance, il ne te puisse nuire ; car il n'a point de
pouvoir sur les obéissants.

Ainsi parlait le Sauveur, et la religieuse, hors
d'elle-même, chancelait comme dans une sainte
ivresse. Les religieuses, la voyant ainsi, la conduisent « *toute brûlante et toute tremblante* » devant leur
Mère.

Remplie de confusion, Marguerite-Marie se jette
à ses genoux, et sur son ordre, lui raconte sa vision ; mais celle-ci la renvoie avec mépris sans lui
rien permettre de ce qu'elle demandait au nom de
Notre-Seigneur... et la bienheureuse, en voyant se
vérifier ce qui lui avait été prédit, se retira dans
une grande paix.

Cependant, le feu divin qui dévorait son cœur lui
donnait une fièvre ardente qu'elle supportait avec
bonheur. Les forces finirent par la trahir. Elle dut
se remettre entre les mains du médecin qui reconnut qu'elle devait souffrir depuis longtemps. Les
remèdes humains restèrent sans effet. Marguerite-Marie, transportée de joie, écrit dans ses mé-

moires : *Jamais je n'ai jamais senti tant de consola-tion ; car tout mon corps souffrait d'extrêmes douleurs, ce qui soulageait un peu l'ardente soif que j'avais de souffrir.*

Dans une de ses défaillances, trois jeunes hommes vêtus de blanc, tout resplendissants de lumière, de même âge, de même grandeur, de même beauté, lui apparaissent. L'adorable Trinité lui était ainsi manifestée. Alors, le Père lui présente une croix couverte d'épines, et tous les autres instruments de la Passion. *Ma fille*, dit-il, *je te fais le même présent que j'ai fait à mon Fils bien-aimé. — Et moi*, dit Jésus-Christ, *je t'attacherai à la croix comme j'y ai été attaché moi-même, et j'y serai près de toi.* Et l'Esprit-Saint ajoute : *Moi qui ne suis qu'amour, je t'y consumerai en te purifiant* (1).

Cette vision, dont elle ne comprit pas d'abord le sens, lui révélait les souffrances qu'elle devait supporter plus tard.

La fièvre ne cessait pas. Marguerite-Marie en avait éprouvé soixante accès. On la croyait aux portes du tombeau. « Ma fille, lui dit un jour la supérieure, demandez votre guérison à Notre-Seigneur. S'il daigne vous exaucer, je reconnaîtrai par là que ce qui se

_____
(1) Copie fidèle d'un mémoire de la bienheureuse.

4.

passe en vous, vient de Dieu, et je vous permettrai de faire tout ce que vous croyez que le Sauveur vous a prescrit. »

Jusqu'alors Marguerite-Marie, en priant pour son rétablissement, l'avait fait *par obéissance*, mais avec la crainte d'être exaucée. Lorsque cette promesse lui fut faite, elle l'expose à Notre-Seigneur, qui lui envoie immédiatement sa sainte Mère. Après de douces et maternelles caresses, la Très-Sainte Vierge lui dit : *Prends courage, ma chère fille, dans la santé que je te donne de la part de mon divin Fils, car tu auras encore un long et pénible chemin, toujours sur la croix percée de clous et d'épines et déchirée de fouets ; mais ne crains rien ; je ne t'abandonnerai pas, et je te promets ma protection* (1). »

La sainte Vierge disparut : la bienheureuse était guérie.

IV

Arrivée du Père de la Colombière à Paray-le-Monial. — Humilité de la bienheureuse. — Elle lui ouvre son âme. — Il la console. — Nouvelle vision.

La supérieure n'avait plus aucun doute sur la vérité des visions de la servante de Dieu ; mais elle comprenait qu'à une personne favorisée de

(1) Copie fidèle d'un mémoire de la bienheureuse.

telles grâces, il fallait une direction éclairée.
L'humilité de la mère de Saumaise ne lui permit
pas de se croire en état de diriger seule cette âme
privilégiée. Elle ordonna à la professe de rendre
compte de ses visions à plusieurs personnes de piété
de Paray-le-Monial.

Malheureusement ces ecclésiastiques, habitués
aux voies ordinaires de la piété, n'étaient pas à la
hauteur d'une tâche aussi délicate. Ils traitèrent Marguerite-Marie de visionnaire, ordonnèrent qu'on la
fît manger, et que la supérieure ne s'arrêtât à rien
de ce que la professe *s'imaginait* voir et entendre.

La bienheureuse se soumit, acquiesça à tout, et
se condamna elle-même, bien qu'il lui semblât impossible de résister à l'Esprit qui l'attirait.

Mais quelles angoisses ! Aimer Dieu autant que le
cœur en est capable, et devoir confesser que cet
amour n'est qu'illusion ! Ne chercher que le ciel,
et se voir précipitée dans l'enfer ! Marguerite-Marie,
néanmoins, ne perdit pas l'espérance ; elle conserva
une paix inaltérable. Elle s'adressa à Notre-Seigneur pour lui demander de la consoler.

Le divin Maître, satisfait de son obéissance, lui fit
savoir que le temps approchait où il lui donnerait
un directeur sage, prudent, éclairé. Il lui ordonna

de lui découvrir alors les ineffables inventions de son amour, et lui promit en même temps de nouvelles grâces. Rassurée par ces paroles, Marguerite-Marie les rapporta à la supérieure ; elle en attendit en paix l'accomplissement.

Peu de temps après, elle est appelée au parloir, pour y recevoir avec d'autres religieuses la visite du nouveau supérieur du petit couvent des Jésuites, situé à Paray-le-Monial. Elle y descend avec la même répugnance qu'elle éprouvait toujours lorsqu'il lui fallait paraître quelque part... Soudain, elle se sent toute saisie d'un trouble ineffable. Une voix lui dit intérieurement : *Voilà celui que je t'envoie* (1). Elle ne laisse rien soupçonner, et garde le silence. — Personne ne devine ce qui se passe en son âme.

Ce messager céleste, ce guide spirituel qui devait rassurer la fidèle épouse du Sauveur, et se laisser lui-même embraser au doux contact du Cœur de Jésus, c'était le Père de la Colombière, religieux d'une haute piété. Ses sermons, ses méditations sur la Passion, ses lettres spirituelles font les délices des personnes pieuses. Il s'en échappe comme un parfum de sainteté qui révèle sa pureté intérieure, en

_____

(1) Copie fidèle d'un mémoire de la bienheureuse.

même temps que sa rare intelligence dans la conduite des âmes.

La sainteté de celle de Marguerite-Marie ne pouvait échapper à la pénétration de son esprit. Invité à faire, quelques jours après cette première entrevue, une exhortation à la communauté, il remarqua le maintien recueilli de la professe. Il lui semblait reconnaître en elle quelque chose de surnaturel. La supérieure, à laquelle il fit part de cette remarque, ne parut pas y attacher d'importance. Elle voulut, avant de lui faire à ce sujet aucune ouverture, être édifiée sur les vertus du Père de la Colombière, qu'elle connaissait depuis trop peu de temps encore, pour avoir sur lui une opinion bien arrêtée.

Ces sages lenteurs qui, dans les desseins de Dieu, devaient confirmer la vérité des révélations de Marguerite-Marie, allaient bientôt avoir une heureuse fin.

Le Père est appelé à la Communauté comme confesseur extraordinaire. La bienheureuse se présente avec ses sœurs au confessionnal et, n'ayant aucun ordre de lui ouvrir son âme, elle se contente d'une confession ordinaire. Mais, guidé par l'Esprit-Saint, il lui demande à la revoir sous peu. Marguerite-Marie, quel que fût l'attrait spirituel qui la portait à consentir à cette demande, se borne à dire *qu'elle ferait ce que lui ordonnerait l'obéissance.*

Et peu après, l'obéissance a parlé. La mère de Saumaise ordonne à la professe de consulter le religieux sur les voies extraordinaires qui la conduisent. Comment arrive-t-il que maintenant la bienheureuse hésite, se trouble, et n'obéit qu'avec une extrême répugnance ?... Dieu veut que chaque acte d'obéissance de son épouse soit en même temps un acte de vertu; que chaque consolation qu'il lui fera goûter soit mêlée d'amertume : pour elle, la croix est toujours sous les fleurs.

Elle se soumet cependant; elle dit tout à l'envoyé de Dieu; peines, révélations, ineffables douceurs, incroyables amertumes, jugements portés sur elle, ses convictions à l'égard des ouvertures de Notre-Seigneur, ses craintes d'être dans l'illusion; tout, jusqu'à l'étrange répulsion qu'elle ressent pour se confier à lui.

Dès les premières paroles, le Père de la Colombière l'avait rassurée : *Je suis bien aise, ma fille,* avait-il dit alors qu'elle lui avouait ses répugnances, *je suis bien aise de vous donner l'occasion de faire un sacrifice à Dieu* (1).

(1) Copie fidèle d'un mémoire de la bienheureuse.

Ces seuls mots apaisent le trouble de la professe, et, déjà, une grande paix, une douce confiance, inondent son cœur.

Il avait tout entendu, tout admiré ; il bénissait l'Auteur de toute grâce ; il adorait les décrets de la divine Providence, qui daignait le choisir pour écouter de si célestes confidences, et pour guider dans la voie parfaite cette âme privilégiée. Il la rassure, il l'encourage ; il lui affirme qu'elle ne doit rien craindre puisque l'Esprit qui la dirige la laisse dans la sainte obéissance. Il l'engage à s'immoler constamment à la volonté du divin Maître, à s'humilier d'autant plus qu'elle reçoit plus de faveurs spirituelles, à vivre dans un acte continuel d'actions de grâces...

Et tandis qu'il parlait, la bienheureuse voyait s'évanouir toutes les craintes qui avaient si souvent déchiré son cœur. Elle continue : elle avoue que Dieu lui est toujours tellement présent, qu'elle ne peut faire sans efforts de prières vocales. Le religieux l'engage à ne plus en faire d'autres que celles obligatoires, en y ajoutant seulement le chapelet, quand elle le pourra.

Cet entretien devait être le prélude d'une nouvelle et bien grande faveur.

Peu de jours s'étaient passés. La bienheureuse assistait au saint sacrifice de la Messe, offert par le Père de la Colombière. Elle s'approchait de la divine Eucharistie. Soudain, Notre-Seigneur lui montre son Cœur sacré sous l'apparence d'une fournaise ardente dans laquelle s'abîment et se perdent deux autres cœurs. *C'est ainsi*, dit-il, *que mon pur amour unit ces trois cœurs pour toujours* (1).

En même temps, Jésus-Christ lui fait comprendre que cette union serait à la gloire de son sacré Cœur, et qu'il voulait qu'elle en découvrît les trésors au Père de la Colombière, afin que, vivant désormais comme frère et sœur, ils eussent part aux mêmes biens spirituels ; — et, comme Marguerite-Marie représentait humblement au divin Maître combien elle se sentait indigne d'être en union spirituelle avec un religieux d'une si haute vertu :

Les richesses infinies de mon cœur suppléeront à tout, dit-il. *Dis-lui seulement ces choses sans rien craindre.*

De son côté, le serviteur de Dieu s'était senti tout embrasé en célébrant le saint Sacrifice. Lorsque la religieuse lui eut fait part de sa vision, il laissa voir une si profonde humilité et un amour si ardent pour Notre-Seigneur, que, merveilleusement édifiée,

(1) Copie fidèle d'un mémoire de la bienheureuse.

elle n'hésita plus à le consulter sur une pieuse pratique qu'elle avait introduite dans la Communauté, et qui lui attirait beaucoup de contradictions. En effet, Notre-Seigneur lui communiquait des grâces dont il voulait favoriser quelques personnes, et lui intimait l'ordre de les leur faire connaître, soit par paroles, soit par écrit. Elle était pour cela exposée à de continuelles humiliations de la part de certaines personnes, qui lui reprochaient de se mêler de ce qui ne la regardait pas.

Le Père de la Colombière lui ordonna de continuer, quelque répugnance qu'elle éprouvât, à la seule condition de soumettre les billets à la supérieure, et de faire ce qu'elle ordonnerait, et, comme il s'efforçait de la mortifier en tout, il lui enjoignit, en outre, d'écrire le récit fidèle de ce qui se passait en son âme. Rien ne pouvait être plus pénible à Marguerite-Marie! C'était le plus grand sacrifice que l'obéissance lui imposât.

Par une humble ruse, après avoir écrit, elle brûlait ses admirables confidences. — Mais on ne tarda pas à s'en apercevoir, et à lui faire comprendre la réserve qu'elle mettait à son sacrifice. Elle dut se soumettre une fois encore. C'est ainsi que l'on a pu connaître une partie des grâces dont Dieu la gratifia.

V

Notre Seigneur ordonne à Marguerite-Marie de travailler à faire
connaître son Cœur adorable. — Le Père de la Colombière en
est le premier disciple. — Persécution intestine. — Il part pour
l'Angleterre.

Ces faveurs ineffables devaient être plus signalées
encore : les secrets de l'amour et de la miséricorde
infinis du Sauveur, allaient être révélés dans toute
leur plénitude ; une plainte amoureuse de Notre-
Seigneur devait, en retentissant dans le monde entier, faire connaître les déchirements suprêmes du
Cœur d'un Dieu qui se sent méprisé par ceux mêmes
qu'il comble de ses grâces.

Un jour de l'Octave du très-saint-Sacrement, Marguerite-Marie, agenouillée près de la grille du
chœur où était exposé le Saint des saints, se sentait
consumée du désir de rendre au Sauveur amour
pour amour.....

Elle le voit !... Il paraît !...

Tu ne peux m'en rendre un plus grand, dit-il, *qu'en
faisant ce que je t'ai tant de fois demandé* (1).

Alors, lui découvrant son divin Cœur : *Voilà ce
Cœur qui a tant aimé les hommes qu'il n'a rien épargné*

(1) Copie fidèle d'un mémoire de la bienheureuse.

pour leur témoigner son amour ; et, par reconnaissance, je ne reçois de la plus grande partie que des ingratitudes par les mépris, les irrévérences, les sacriléges et les froideurs qu'ils ont pour moi dans ce sacrement d'amour; mais ce qui m'est encore plus sensible, c'est que ce sont des cœurs qui me sont consacrés qui en usent ainsi. C'est pour cela que je te demande que le premier vendredi d'après l'Octave du saint Sacrement soit dédié à une fête particulière pour honorer mon Cœur, en communiant ce jour-là, et en lui faisant réparation d'honneur par une amende honorable, pour réparer les indignités qu'il a reçues tandis qu'il était exposé sur les autels. Je te promets que mon Cœur se dilatera pour répandre avec abondance les influences de son divin amour sur ceux qui lui rendront cet honneur, et qui s'efforceront de le lui faire rendre.

La bienheureuse, éperdue à la pensée d'être choisie pour manifester une si admirable invention de la charité du Sauveur, s'écrie : *Mais, mon Seigneur, à qui vous adressèz-vous?... Vous avez tant d'âmes généreuses pour exécuter votre dessein!*

— *Eh quoi ! pauvre innocente, ne sais-tu pas que je me sers des sujets les plus faibles pour confondre les forts? et que c'est ordinairement sur les petits et les pauvres d'esprit que je fais éclater ma puissance, afin*

*qu'ils ne s'attribuent rien à eux-mêmes? — Donnez-moi
donc, Seigneur, le moyen de faire ce que vous me com-
mandez.* Et lui : *Adresse-toi à mon serviteur* (le Père
de la Colombière), *et dis-lui de ma part de s'efforcer
d'établir cette dévotion. Qu'il ne se décourage point
par les difficultés qu'il rencontrera : il n'en manquera
pas ; mais il doit savoir que celui-là est tout-puissant,
qui se défie de lui-même pour se confier entièrement en
moi* (1).

Marguerite obéit. Elle raconte tout au confident
de son âme. Cette ineffable communication le comble
d'une joie sainte. Il veut être le premier disciple du
Cœur de Jésus. Le premier vendredi qui suivit l'Octave du saint Sacrement (21 juin 1675), il se consacra à Notre-Seigneur comme victime de son amour.
Désormais, le Cœur adorable du Sauveur allait embraser le monde catholique de ses sublimes ardeurs.
Bientôt, les cœurs désolés iraient chercher en lui
force et consolation ; les pécheurs, le pardon ; les
justes, la sainteté ; les mourants, la miséricorde,
et la France entière, aux heures de l'épouvante, la
confiance et l'amour !

Dieu permet que toute œuvre grande et sainte

(1) *Vie de la vénérable mère Marguerite-Marie*, par Mgr Languet.

éprouve de nombreuses contradictions. L'arbre qui a résisté aux coups violents de la tempête, aux flots impétueux du torrent, étend ses racines au loin avec plus de force, plus de vigueur. Ainsi en est-il des œuvres d'en haut.

Les passions se déchaînent, les contradictions se multiplient : c'en est fait, tout est perdu !...

Non. — Sous le souffle de la volonté puissante de Dieu, tout se ranime, tout s'agrandit, tout est sauvé !

Les entretiens longs et fréquents que durent nécessairement avoir au confessionnal Marguerite-Marie et le Père de la Colombière, furent bientôt l'objet de sévères critiques. On accusa la religieuse d'hypocrisie ; le religieux, d'esprit faible. Ils se laissèrent accuser sans se défendre ; et, tout à la gloire du divin Maître, ils attendirent en paix une occasion favorable pour rendre à son Cœur sacré les hommages et les réparations qu'il demandait.

L'heure n'avait pas encore sonné pour l'expiation solennelle. Le Père se contenta, pendant son séjour à Paray-le-Monial, de conseiller cette dévotion à ses pénitents. Tous ceux qui y furent fidèles, y puisèrent des grâces particulières de persévérance ou de conversion.

Un nouvel obstacle allait cependant, aux yeux des hommes, étouffer en son germe cette semence féconde : le serviteur de Dieu est appelé par ses supérieurs en Angleterre comme prédicateur de la duchesse d'York, femme du duc d'York, qui régna sous le nom de Jacques II, après la mort de Charles II, son frère.

Pour Marguerite-Marie, cette séparation aurait dû être le sujet d'un grand déchirement de cœur. Il était le confident éclairé de ses peines intérieures, de ses joies, de ses ravissements ; le guide à la fois doux et sévère dont elle pouvait suivre sans crainte les ordres ou les conseils, persuadée qu'ils émanaient de Dieu ; Notre-Seigneur lui-même avait réuni leurs deux cœurs dans le sien... et voici qu'à l'heure même où il semblait que cette union fût plus nécessaire pour achever et perfectionner le culte de l'amour divin, Notre-Seigneur brisait les instruments qu'il avait choisis, abandonnait son œuvre, et la livrait à l'inconstance et à la fragilité humaines.

Ainsi, peut-être, eût pensé une âme faible et vulgaire. La bienheureuse ne se laissa ni attrister, ni décourager. Elle reçut la nouvelle du départ du religieux avec une parfaite soumission à la volonté de Dieu. Un instant seulement, elle voulut réfléchir à la perte qu'elle faisait ; mais, aussitôt, elle entendit le divin Maître lui adresser ce doux reproche : *Eh quoi! est-ce que je ne te suffis pas, moi qui suis ton principe et ta fin* (1)?

Elle se tait, elle s'humilie, elle adore, elle s'abandonne complétement à la volonté divine.

Leur dernier entretien dut être tout céleste. Tous deux s'excitent mutuellement à la perfection de leur vocation, tous deux s'unissent plus que jamais dans le Cœur de Jésus. Marguerite-Marie reçoit avec respect les avis du religieux ; lui, de son côté, accepte avec reconnaissance l'écrit qu'elle lui donne, renfermant des prédictions sur ce qui doit lui arriver pendant son voyage (2).

Il part, rempli d'une haute idée de la sainteté de l'humble fille de Sainte-Marie, tandis qu'elle-même le regarde comme l'un des plus grands serviteurs de Dieu.

(1) Copie fidèle d'un mémoire de la bienheureuse.
(2) Ces prédictions se sont vérifiées à la lettre.

VI

Souffrances de Marguerite-Marie. — Ses tentations. — Nouvelle
vision et nouvelles souffrances.

Avec l'amour de Notre-Seigneur, croissait en
Marguerite-Marie l'amour des humiliations et des
souffrances, de telle sorte que le Père Croiset, l'un
de ses directeurs, a pu écrire dans la vie de la bienheureuse ces admirables paroles : « Si l'amour de
« Jésus-Christ peut faire mourir une personne,
« celle-ci, au sentiment même de ses sœurs, est
« morte par un excès de cet ardent amour. »

La souffrance seule la soutenait dans ces combats.
Pour elle, souffrir, c'était vivre, et le divin Maître
exauçait si bien ses ardents désirs, qu'elle a dit dans
le compte rendu de sa vie (1) : « Dieu m'a fait cette
« grâce que jamais il ne m'en a manqué, ma vie
« s'étant toute passée dans les souffrances, tant de
« corps par mes fréquentes maladies et conti-
« nuelles infirmités, que d'esprit par des délaisse-
« ments intérieurs, par la douleur dont j'étais péné-
« trée de voir Dieu offensé; par les contradictions
« de la part des créatures; par les tentations de la

(1) Copie fidèle d'un mémoire de la bienheureuse.

« part des démons, par les combats que j'ai eus à
« soutenir contre moi-même...

«... Je me croyais comme un sujet d'horreur à
« toutes les créatures. Il me semblait qu'elles avaient
« une peine extrême à me supporter, puisque j'en
« avais tant à me supporter moi-même. Tout, même
« les moindres choses, tournait pour moi en humi-
« liations. On me regardait comme une visionnaire.
« Il ne m'était pas même permis de chercher le
« moindre soulagement, la moindre consolation
« dans mes peines. Mon divin Maître voulait que je
« souffrisse tout en silence, et que j'attendisse tout
« de lui. »

Et c'est au milieu de ces désolations et de cette
vie crucifiée, qu'elle s'écrie : « Que rendrai-je au
« Seigneur pour tous les biens qu'il m'a faits?
« O mon Dieu, que vos bontés sont grandes à mon
« égard, de vouloir me faire manger à la table
« des saints, et me nourrir des mêmes viandes
« dont vous les avez sustentés ! Vous me fournissez
« avec abondance des mets délicieux de vos favoris,
« à moi qui ne suis qu'une indigne et misérable
« pécheresse ! »

La croix et le saint Sacrement la retenaient seuls
dans l'exil. Son cœur n'habitait plus la terre : il

5

était à jamais dans le Cœur de Jésus crucifié. Tour à tour victime pour expier certains relâchements qui s'étaient introduits dans la communauté; pour honorer le jeûne du Sauveur dans le désert, et principalement pour expier les profanations et les froideurs commises envers le Cœur adorable de Jésus-Christ, sa vie fut un martyre incessant. Pour elle, les louanges ou les humiliations, l'estime des créatures ou leur mépris, se changeaient en amertumes inexprimables.

Notre-Seigneur l'exigeait ainsi. Il lui avait dit, un jour, qu'il *la voulait dans un acte continuel de sacrifice; que, pour cela, il augmenterait ses sensibilités et ses répugnances de telle manière, qu'elle ne ferait rien qu'avec peine et violence, afin de lui donner lieu à la victoire, même dans les plus petites choses, qu'elle ne goûterait plus d'autres douceurs que celles du Calvaire; qu'il lui ferait trouver un martyre dans tout ce qui pouvait faire la joie, le plaisir et la félicité temporelle des autres* (1).

Ces paroles s'accomplirent à la lettre, et Marguerite en bénit le Seigneur.

Tout ce qui peut s'appeler plaisir, même les plus innocents, devint pour elle un supplice : le réfec-

(1) Copie fidèle d'un mémoire de la bienheureuse.

toire, le lit, le parloir, l'obligation d'écrire, l'estime des créatures, lui causaient de si grandes peines, qu'elle en répandait des larmes amères ; et, par une contradiction étrange que Dieu permettait, elle était cependant en certaines circonstances si sensible aux croix et aux humiliations, qu'elle ne pouvait s'empêcher de laisser paraître sa tristesse.

Alors, nouveau tourment intérieur de se voir si peu mortifiée !

Et, pourtant, qui pourrait dire à quelles austérités elle se livrait, surtout dans le temps du carnaval !

La nature frémit à la pensée des saintes rigueurs qu'elle exerçait sur son corps innocent. Tantôt Notre-Seigneur la couronnait d'épines qui lui causaient de si inexprimables douleurs, qu'elle ne pouvait appuyer la tête sur le chevet de son lit ; tantôt le divin Maître lui apparaissait sous la figure de l'*Ecce homo* couvert de plaies ; et, comme elle s'offrait à lui avec gémissements et larmes, il la chargeait d'une lourde croix toute hérissée d'épines. Dans une maladie très-douloureuse, il daigna lui faire sentir les pointes aiguës des clous de cette croix ; loin d'exciter la compassion, ses souffrances ne lui attirèrent alors que des humiliations et des mépris. C'est ainsi que, victime choisie par le Sauveur des hommes, elle expiait et l'orgueil des pécheurs et les abominations qui se commettent pendant le carnaval. Elle était parfois dans un tel état de souffrance, qu'elle aurait pu croire impossible de suivre les jeûnes du carême. Néanmoins, à peine le carême commencé, les forces lui étaient rendues ; elle pouvait en supporter les fatigues et les austérités.

Mais, pour cette amante fidèle de la croix, la plus grande peine était la crainte d'avoir consenti au péché, d'avoir perdu la grâce divine. Les tentations d'orgueil, de vaine gloire, de gourmandise, le découragement, la tristesse, le dégoût, s'emparaient parfois de son âme avec une telle violence, que tout était ténèbres. Elle ne savait plus si elle aimait Dieu ; les sentiments involontaires que le démon excitait en elle lui semblaient être des fautes énormes. L'obéissance était alors son refuge : le démon est impuissant contre celui qui obéit.

Ce qui ajoutait encore au mérite de Marguerite-Marie dans cette vie crucifiée, c'est qu'elle l'avait acceptée avec un parfait abandon. Un jour, le Sauveur s'était présenté à elle portant deux tableaux.

Sur l'un, était tracée la vie religieuse remplie de consolations intérieures et extérieures, par la santé, l'estime des créatures ; sur l'autre, une vie toute de souffrances et d'opprobres.

Choisis, ma fille, avait dit le Sauveur, *je te ferai les mêmes grâces, quelque choix que tu fasses* (1).

Elle s'était prosternée, disant qu'elle acceptait ce qu'il lui donnerait ; et, comme Notre-Seigneur la pressait encore de choisir elle-même : *Vous me suffisez seul, ô mon Dieu,* dit-elle, *faites pour moi ce qui vous glorifiera davantage, sans avoir nul égard ni à mes intérêts ni à mes inclinations ; contentez-vous. C'est assez pour moi. — Tu as choisi la meilleure part, ma fille. Voilà ce qui me plaît le plus, tant pour l'accomplissement de mes desseins que pour te rendre conforme à moi. L'autre vie est une vie de jouissance et non de mérite. Elle est réservée pour l'éternité.*

En prononçant ces paroles, Notre-Seigneur lui présente le tableau d'opprobres et de croix. Elle le serre sur son sein, avec une joie mêlée d'effroi, et le sent s'imprimer tellement en elle, qu'il lui semble en être comme une vivante représentation.

Ma fille, lui dit un jour le divin Maître, *je viens te donner mon Cœur. Mais, auparavant, il faut que tu te rendes sa victime d'immolation pour détourner, par son entremise, les châtiments que la divine justice de mon*

(1) Copie fidèle d'un mémoire de la bienheureuse.

Père est prête à exercer dans sa colère contre une maison religieuse (1).

Et, soudain, cette communauté lui apparaît avec toutes les fautes qui s'y commettent. Elle frémit; ne se sentant pas le courage de se sacrifier, elle répond ne pouvoir agir sans le consentement de sa supérieure. Mais ce consentement, elle ne le demande pas, dans la crainte qu'on ne le lui donne. Notre-Seigneur la poursuit sans relâche. Enfin, elle n'hésite plus, et court auprès de la mère de Saumaise lui dire ses angoisses, en répandant d'abondantes larmes.

Il faut, oui, *il faut* qu'elle obéisse aux ordres de Dieu!

Marguerite-Marie ne peut s'y résigner, et cette résistance augmente son douloureux martyre. Elle luttait toujours. La veille de la Présentation, la Justice de Dieu lui apparaît. Elle entend une voix terrible lui dire : *Il t'est bien dur de regimber contre les traits de ma justice; mais, puisque tu m'as fait tant de résistance pour éviter les humiliations que tu dois souffrir, tu les porteras deux fois. Je ne te demandais qu'un sacrifice secret; maintenant, je le veux public,*

---

(1) C'était la maison même où était la bienheureuse. Par esprit de charité, elle ne la nomme pas dans ses Mémoires.

*d'une manière, et dans un temps où la raison humaine
ne comprendra rien, et dans des circonstances si humi-
liantes, qu'elles te seront un sujet de confusion pour le
reste de ta vie* (1).

Hors d'elle-même, elle reste à la chapelle et fond
en larmes. Le coup de la cloche, appelant les religieuses à la collation du soir, l'oblige à se traîner à
la communauté. Elle voudrait faire à haute voix
l'aveu de ce que Dieu exige; mais la supérieure,
alors malade, n'est pas là pour lui en donner la
permission. Elle court la lui demander, car, abîmée
sous les coups de la sainteté et de la justice de Dieu,
elle croyait voir l'enfer sous ses pas. *Mon Dieu*,
s'écriait-elle avec angoisse, *ayez pitié de moi selon la
grandeur de votre miséricorde.*

Cependant, comme dans un rêve affreux, elle
ne pouvait avancer, et ce ne fut qu'avec l'aide d'une
sœur qui la vit en cet état, qu'elle parvint à se traîner
devant la mère de Saumaise. Les paroles expirent sur
ses lèvres, ou, plutôt, persuadée que tout ce qui se
passe en elle est connu de tout le monde, elle ne
peut que pousser de douloureux gémissements.

La supérieure lui ordonne, au nom de la sainte
obéissance, de lui raconter ce qu'elle éprouve.

(1) Voyez copie fidèle, etc.; puis la Vie écrite par Mgr Languet.

L'humble victime avoue ses résistances, fait part du sacrifice exigé, auquel elle déclare se soumettre enfin pleinement et sans réserve.

La mère de Saumaise sent la nécessité d'une expiation générale pour toute la communauté. Elle ordonne une pénitence pour cette nuit même.

Mais, parmi les religieuses, celles qui se sentaient coupables et qui voyaient ainsi leurs imperfections, leurs fautes et leur relâchement dévoilés, s'irritent contre Marguerite, courent à l'infirmerie où elle était encore sous le poids de la douleur. Reproches, railleries, sarcasmes, outrages, rien ne lui est épargné. On la traite de folle, de visionnaire, de possédée. On l'exorcise, on récite sur elle des prières, on se fait un jouet de sa piété même. Pour elle, satisfaite d'honorer ainsi la douloureuse nuit de la Passion du Sauveur, elle reste en silence à genoux devant ces malheureuses qui, sans le savoir, devenaient les instruments de la justice céleste.

La nuit est passée. Sur l'ordre de la mère de Saumaise, Marguerite-Marie s'approche de la Sainte-Table. Elle crut alors entendre ces paroles de la bouche de Notre-Seigneur : *Enfin la paix est faite, et ma sainteté de justice est satisfaite par le sacrifice que tu m'as fait, pour honorer celui que je fis au moment de mon incarnation dans le sein de ma Mère. J'ai voulu joindre le mérite de ton sacrifice au mien, et l'appliquer en faveur de la charité, comme je te l'ai fait voir. Désormais, tu ne dois plus rien prétendre pour toi, en tout ce que tu pourras faire et souffrir ; mais tout doit être sacrifié à ma disposition, pour la charité. A mon imitation, tu agiras et souffriras en silence, sans autre intérêt que la gloire de Dieu, et pour l'établissement du règne de mon sacré Cœur dans celui des hommes, auxquels je veux le manifester par ton moyen.*

Les souffrances de la religieuse ne cessèrent pas pour cela, mais elle y demeura dans une grande paix, demandant miséricorde. Néanmoins, cette espèce de torture morale, jointe à ses occupations continuelles qui ne lui laissaient pas un instant de repos, lui enlevait toute possibilité de manger et de dormir. On lui ordonne alors de manger tout ce qu'on lui servirait. Elle se soumet en vain, l'estomac ne peut rien garder. Et, à toutes ses souffrances, se joignent des défaillances, des langueurs.

Que faire ?... La supérieure l'envoie vers le souverain médecin, et lui ordonne de demander à Notre-Seigneur, dans la sainte communion, de la remettre dans son premier état. *Oui, ma fille,* lui répond le bon Maître, *je viens à toi comme souverain*

5.

sacrificateur ; je te donnerai une nouvelle vigueur, mais pour t'immoler à de nouveaux supplices.

Comment ne pas souffrir avec bonheur lorsque, tout épuisée, haletante, anéantie sous les opérations divines, Marguerite entendait des paroles telles que celles-ci : *Qu'as-tu à craindre entre les bras du Tout-Puissant ? Pourrait-il bien te laisser périr en t'abandonnant à tes ennemis ? Je me suis rendu ton Père, ton Maître et ton directeur, dès ta plus tendre jeunesse ; je t'ai donné de continuelles preuves de la tendresse de mon Cœur dans lequel même j'ai établi ta demeure. Dis-moi quelle plus forte preuve tu désires de mon amour ; et je te la donnerai. Mais pourquoi combats-tu contre moi, qui suis ton seul, vrai et unique ami ?*

Ah ! il n'est aucune douleur, aucune angoisse qui ne se change en inexprimable félicité, lorsque Jésus parle ainsi au cœur !

VII

Visions de la bienheureuse sur la pureté où l'on doit être pour pénétrer dans le ciel. — La sainte Vierge lui apparaît, ainsi que son ange gardien.

Parmi les nombreuses visions dont elle fut favorisée, elle en rapporte deux qui donnent une idée de l'extrême humilité et de la pureté que Dieu demande des âmes qu'il conduit à la perfection.

Marguerite-Marie se laisse un jour entraîner à quelques mouvements de vanité en parlant d'elle-même.

Notre-Seigneur lui apparaît : *Qu'as-tu, poussière et cendre, dont tu puisses te glorifier*, lui dit-il avec un visage sévère... *Regarde ce que tu es, et ne l'oublie jamais* (1).

Alors, Dieu lui découvre un tableau où elle voit représenté ce qu'elle est à ses yeux. Elle est frappée d'un tel sentiment d'horreur, que, si le Sauveur lui-même ne l'eût soutenue, elle fût tombée sans connaissance. *O mon Dieu*, s'écrie-t-elle, *ou faites-moi mourir, ou cachez-moi ce tableau : je ne puis vivre en le voyant.*

En effet, elle ne pouvait plus se supporter elle-même ; et c'est par cette vue si terrible pour Marguerite-Marie que Notre-Seigneur avait l'habitude de la punir de ses moindres mouvements de vaine complaisance.

Une autre fois, à la fête de la Toussaint, elle entend ces paroles :

> Rien de souillé dans l'innocence ;
> Rien ne se perd dans la puissance ;
> Rien ne passe en ce beau séjour ;
> Tout s'y consomme dans l'amour.

(1) Copie fidèle d'un mémoire de la bienheureuse.

Longtemps elle médite sur le sens de ces paroles mystiques.

Enfin elle les comprend ainsi :

Rien de souillé dans l'innocence. — Elle ne doit garder aucune tache dans son âme ni dans son cœur.

Rien ne se perd dans la puissance. — Elle doit tout abandonner à Dieu la Puissance même, qui saura bien le lui rendre au centuple.

Rien ne passe en ce beau séjour;
Tout s'y consomme dans l'amour. — Dans le ciel, tout est éternel et se perd dans l'infinie charité.

Puis voici que le ciel s'entr'ouvre, et qu'il lui est donné de pénétrer quelques-unes de ses admirables splendeurs. — Elle y volait, elle s'y perdait ; elle croyait qu'elle n'avait plus qu'à s'y élancer à jamais...

Mais d'autres paroles frappent douloureusement son âme :

> C'est en vain que ton cœur soupire,
> Pour y entrer comme tu crois ;
> Il ne faut pas qu'on y aspire
> Par d'autre voie que celle de la Croix.

Elle reste frémissante... Elle a vu tout ce qu'elle doit encore souffrir !

La très-sainte Vierge veillait toujours aussi sur sa

fille bien-aimée, et la gratifiait de sa douce présence. — Tantôt, elle lui présentait son divin Fils, et le posait sur ses bras Ah! qui pourrait redire ce moment d'ineffable bonheur! recevoir l'Enfant divin, des mains immaculées de la Reine du ciel!... — Tantôt, c'était Notre-Seigneur qui enseignait lui-même à Marguerite-Marie à tirer d'excellents fruits de sa dévotion envers sa sainte mère, et à imiter ses dispositions pour arriver à la voie parfaite : de même que la sainte Vierge, sur le Calvaire, offrait la Passion et les souffrances de son Fils adorable au Père Éternel pour la conversion des pécheurs, de même Marguerite-Marie devait, en assistant à la sainte messe, implorer la conversion des cœurs infidèles; lorsqu'elle allait à la Table Sainte, elle devait entrer dans les transports de Marie à l'heure de l'Incarnation du Verbe dans son sein ; et, dans l'oraison, s'unir aux dispositions de la sainte Mère de Dieu lorsqu'elle se présenta au temple.

Ainsi, tour à tour entre Jésus et Marie, la bienheureuse préludait dès cette vie au bonheur du paradis : ses pensées s'élevaient sans cesse vers cette demeure céleste.

Elle y suivait par le désir et l'élan du cœur la Reine de tous les saints un certain jour de la fête de son Assomption, lorsqu'elle la voit tout à coup se parer comme d'une guirlande de fleurs de toutes les religieuses de la communauté, et s'élever avec elles ; mais les fleurs se détachent, et tombent à terre. Il n'en reste que quinze pour accompagner la Reine des vierges, encore parmi ces dernières, cinq seulement sont trouvées assez pures pour être admises à l'honneur de suivre le divin Époux. — Et Marguerite-Marie comprit que la sainte Vierge voulait lui montrer quel détachement parfait était exigé pour monter au ciel.

Son ange gardien se montrait aussi souvent à elle, et lui inspirait principalement le respect dû envers la divine Majesté. Quand elle le voyait prosterné devant Dieu dans un état d'adoration continuelle, elle sentait un irrésistible désir de l'imiter et de s'unir aux hommages qu'il rendait à la Beauté toujours ancienne et toujours nouvelle. Saint François d'Assise lui fut donné par Notre-Seigneur lui-même comme protecteur et Saint François de Sales lui apparut plusieurs fois.

Pourquoi nous étonner ?... « Heureux ceux qui « ont le cœur pur, car ils verront Dieu ! »

Et lorsqu'il est donné aux cœurs purs de voir Dieu, quelle créature céleste pourrait alors se dérober à leur vue ?

VIII

La mère Greyffié. — Sa prudence. — Marguerite-Marie fait son
testament en faveur de Notre-Seigneur, qui la constitue héri-
tière de son Cœur. — Acte héroïque de la bienheureuse. —
Elle est sévèrement punie d'une légère insoumission.

Les opinions étaient fort divisées sur l'humble
religieuse lorsque la mère de Saumaise, ayant terminé le temps de sa supériorité, fut appelée à Moulins et remplacée par Péronne-Rosalie-Greyffié,
alors professe du couvent d'Annecy (1678).

La nouvelle supérieure était entièrement dévouée
à l'esprit de simplicité de son ordre, remplie de défiance à l'égard de toute voie extraordinaire, d'un
esprit délicat, d'une grande fermeté. Elle ne se
pressa pas de porter un jugement sur tout ce que
l'on racontait d'extraordinaire de Marguerite-Marie,
et résolut de l'étudier elle-même.

Non contente de la mortifier en toute circonstance, elle exigeait une obéissance scrupuleuse jusque dans les devoirs contradictoires qu'elle lui imposait ; et, tout en écoutant avec une grande charité
le récit des grâces particulières reçues par la professe, la mère Greyffié semblait n'y attacher aucune
importance. Bientôt, même, elle lui défendit de

continuer les pratiques dont elle honorait le Sacré-
Cœur. Marguerite-Marie se soumit; mais Notre-
Seigneur lui ordonna de dire à la supérieure qu'il
la punirait. Peu après, une des religieuses qu'elle
aimait et estimait le plus, mourut d'une maladie
contagieuse.

La supérieure crut d'après cela devoir laisser toute
permission à ce sujet à la servante de Dieu. Cependant, ses contradicteurs étaient si nombreux que la
mère Greyffié se trouvait dans une grande perplexité, encore augmentée par celles mêmes de Marguerite-Marie qui, ne pouvant se croire l'objet de telles
faveurs, s'imaginait parfois être dans l'illusion.

Mais Dieu ne l'abandonnait pas. Une fois encore,
il allait envoyer le pieux messager de la paix près
de sa fidèle servante, et attirer enfin à lui tous les
cœurs.

Le père de la Colombière, après avoir supporté
en Angleterre les travaux d'une mission pénible, les
tortures d'un long et douloureux emprisonnement
pour la foi catholique, banni du royaume, revenait
en France, épuisé, presque mourant, mais plus dévoué que jamais au culte du Sacré-Cœur qu'il s'était
efforcé de répandre pendant sa mission.

Son retour au Paray, après ces trois années d'absence, dans des circonstances aussi difficiles pour la bienheureuse, lui fut une grande consolation. La sainteté de la vie du religieux, la pureté de sa doctrine, l'auréole du martyre qui couronnait son front, donnaient à sa parole une haute autorité. Il rassura la supérieure, et calma les nouvelles inquiétudes de Marguerite-Marie, qui eut encore cependant un nouvel acte de vertu à exercer en cette occasion.

Le parloir était occupé ; la supérieure permit une fois à la professe de rendre au religieux compte de sa conscience au confessionnal. Elle y resta longtemps ; quelques sœurs, qui ignoraient qu'elle en eût la permission, en murmurèrent. Celle-ci reçut le reproche et la pénitence injustes avec une profonde humilité, sans chercher en aucune manière à s'excuser.

Ainsi mortifiée de tous côtés, toujours soumise et reconnaissante, sa confiance envers la supérieure s'augmentait d'autant plus qu'elle la trouvait plus sévère. Elle écrivait à la mère de Saumaise : « Je « suis bien indigne du don que Dieu nous a fait en « la personne de notre très-honorée mère Greyffié, « pour laquelle je ne peux exprimer mon estime et « mon affection. J'ai une entière confiance en sa

« charité, et je puis vous assurer que je crois que
« le bon Dieu accomplira en elle sa promesse (1). »

Était-ce celle de répandre le culte du Sacré-Cœur,
ou la promesse qui fut faite par Notre-Seigneur à
la bienheureuse dans la circonstance suivante :

Le divin Maître intime un jour à sa fidèle épouse
l'ordre de faire en sa faveur un testament où elle
se donnât à Lui par écrit, comme elle le faisait si
souvent de vive voix. Il lui dit de faire écrire cet
acte par la supérieure, et, si elle s'y refusait, par
son serviteur, le père de la Colombière.

La supérieure consentit à ce que lui transmettait
Marguerite-Marie ; elle écrivit sous sa dictée cet acte
admirable que la bienheureuse signa de son sang :
« Vive Jésus dans le cœur de son épouse la sœur
« Marguerite-Marie, pour laquelle, en vertu du pou-
« voir que Dieu m'a donné sur elle, j'offre, dédie,
« et consacre purement et inviolablement au sacré
« Cœur de l'adorable Jésus tout le bien qu'elle
« pourra faire pendant sa vie et celui que l'on fera
« pour elle après sa mort, afin que la volonté de ce
« Cœur divin en dispose à son gré, selon son bon
« plaisir, et en faveur de quiconque il lui plaira,
« soit vivante, soit trépassée ; la sœur Marguerite-

_____

(1) Lettres et écrits de la bienheureuse.

« Marie protestant qu'elle se dépouille volontiers
« généralement de tout, excepté de sa volonté d'être
« à jamais unie au divin Cœur de Jésus, et de l'aimer
« purement pour l'amour de lui-même.

    « En foi de quoi, nous signons cet écrit. Fait le
« dernier jour de décembre 1678.

    « Signé sœur Péronne Rosalie Greyffié, à présent
« supérieure, et de laquelle ma sœur Marguerite-
« Marie demandera tous les jours la conversion, avec
« la grâce de la pénitence finale.

    « Sœur Marguerite-Marie, disciple du divin Cœur
« de l'adorable Jésus. »

    Et Notre-Seigneur, pour récompenser sa fidèle
épouse, lui dicte l'acte suivant :

    « Je te constitue héritière de mon Cœur et de
« tous ses trésors pour le temps et l'éternité, te per-
« mettant d'en user selon ton désir. Je te promets
« que tu ne manqueras de secours, que lorsque je
« manquerai de puissance. Tu en seras pour tou-
« jours la disciple bien-aimée, le jouet de son bon
« plaisir et l'holocauste de son amour. Lui seul sera
« l'objet de tous tes désirs ; il réparera tes défauts
« et y suppléera ; il t'acquittera de tes obliga-
« tions (1). »

(1) *Vie de la vénérable mère Marguerite-Marie*, par Mgr Languet.

Éperdue, elle saisit un canif et grave sur sa poitrine en grands caractères le saint nom de Jésus... Et, comme quelques jours après, la plaie tendait à se refermer, Marguerite-Marie ravive la blessure avec la flamme d'une bougie. L'automne de l'année suivante, la plaie était encore sanglante. Alors, un scrupule s'empare de la douce victime : cet acte héroïque, elle l'accomplit dans la ferveur de l'amour sans en parler à sa supérieure.

Elle se reconnaît coupable, et s'accuse.

La mère Greyffié était digne de comprendre l'héroïsme de cette action, elle qui, en récompense de la donation dont elle avait été l'intermédiaire entre Notre-Seigneur et la bienheureuse devait, suivant la promesse du Sauveur, participer, à la mort, à la même faveur que sainte Claire de Montefalco ; mais, toujours avec la même prudence, elle lui prescrivit de se laisser visiter par une sœur infirmière, et d'user du remède que celle-ci lui indiquerait.

O mon unique amour, dit aussitôt l'humble vierge, *souffrirez-vous, que d'autres voient le mal que je me suis fait pour votre amour ? N'êtes-vous pas assez puissant pour me guérir, vous qui êtes le souverain médecin de tous les maux* (1) ?

(1) Copie fidèle d'un mémoire de la bienheureuse.

La nuit même, la plaie se cicatrise. Le lendemain, la sœur infirmière se présente. Sœur Marguerite, qui se voit guérie, la remercie et la prie de différer jusqu'à ce qu'elle en ait fait part à la mère Greyffié.

Elle se hâte d'aller la trouver ; mais la supérieure, qui la veut parfaite, saisit cette occasion de l'humilier encore. Elle la prive de la sainte communion, et l'oblige à montrer cette plaie d'amour à l'infirmière. De son côté, Notre-Seigneur, après lui avoir reproché très-sévèrement sa désobéissance, lui annonce que, pour la punir, toute marque de ce nom adorable disparaîtrait à jamais.

La sœur des Écures, à laquelle Marguerite-Marie avait été découvrir son sein, trouva les blessures couvertes de grandes croûtes desséchées qui ne laissaient plus paraître que la *forme du nom de Jésus en grands caractères.*

Plusieurs années après, l'infirmière et quelques autres sœurs, en ensevelissant la bienheureuse, voulurent s'assurer de la vérité de la prédiction : elles ne trouvèrent aucune trace de la plaie profonde qui lui avait causé un si doux et si cruel tourment.

Mais ce nom divin, effacé extérieurement, avait été imprimé *intérieurement* en son cœur par le Sauveur

lui-même, qui voulut ainsi la consoler de l'affliction qu'il lui avait causée à ce sujet (1).

IX

Mort du père de la Colombière. — La bienheureuse le croit en
possession du bonheur éternel. — Visions ayant rapport aux
âmes du purgatoire. — Elle reste cinquante jours sans boire. —
Départ de la mère Greyffié.

Le père de la Colombière était mûr pour le ciel.
Le temps approchait pour lui de rendre compte à
Dieu d'une vie de bonnes œuvres, toute consacrée
à l'aimer et à le faire aimer. Son long martyre allait
être consommé. Les médecins, impuissants à le
soulager, conseillaient en dernière ressource l'air
du pays natal.

Le père allait partir.

Marguerite-Marie lui fait dire qu'elle le conjure de rester à Paray, si la sainte obéissance ne
s'y oppose pas; et, comme il lui en fait demander
la raison, elle lui écrit ces seuls mots avec la permission de la mère Greyffié : *Il m'a dit qu'il veut
le sacrifice de votre vie ici.*

Le père comprend... mais il avait reçu l'ordre
de partir : il se prépare.

(1) Voyez la Copie fidèle d'un mémoire de la bienheureuse.

La veille même du jour où il devait quitter Paray-le-Monial, une fièvre ardente s'empare de lui ; et quelques jours après, ce cœur qui avait tant aimé le Cœur de Jésus cessait de battre, et l'âme du religieux s'élançait vers les régions éternelles où Dieu lui-même devait être sa récompense. (15 février 1682.)

Il n'avait que quarante et un ans.

Peu après, quelqu'un s'empresse d'annoncer sa mort à Marguerite-Marie. Sans se troubler : *Allez prier Dieu pour lui*, dit-elle, *et faites en sorte que partout on prie pour le repos de son âme* (1).

Vers le soir, elle écrit à la même personne : *Cessez de vous affliger, invoquez-le. Ne craignez rien. Il est plus puissant pour vous secourir que jamais.*

Cependant la supérieure s'étonne de cette sérénité. Elle s'étonne surtout de ne pas entendre Marguerite-Marie lui demander la permission de faire quelque pénitence extraordinaire, ainsi qu'elle en avait l'habitude à la mort de ceux auxquels elle s'intéressait le plus.

Il n'en a pas besoin, répond-elle. *Il est en état de*

(1) *Vie de la vénérable mère Marguerite-Marie*, par Mᵍʳ Languet.

prier Dieu pour nous, étant bien placé dans le ciel par la bonté et la miséricorde du Cœur sacré de Notre-Seigneur Jésus-Christ. Son âme, pour satisfaire à quelque négligence, a été privée de voir Dieu seulement dès la sortie de son corps jusqu'au moment où il fut déposé dans le tombeau.

On peut croire, d'après ces paroles, que Marguerite-Marie avait été, par révélation particulière, assurée du bonheur de son fidèle Ananie. Elle en bénissait Dieu de tout son cœur, et s'oubliait elle-même, comme elle avait coutume de le faire sans cesse.

Sa grande dévotion pour les pauvres âmes du purgatoire la portait, ainsi que nous l'avons dit, à offrir souvent à Dieu des pénitences à leur intention.

Ah! c'est qu'elle comprenait mieux que tout autre les terribles expiations dues au péché, elle qui en détestait jusqu'à l'apparence et qui souvent avait des révélations à ce sujet!

Un jour de la fête du Saint-Sacrement, un religieux bénédictin qui l'avait confessée une fois et qui lui avait ordonné de recevoir la sainte communion, se présente soudain à elle, en gémissant, entouré de flammes ardentes. Il la conjure d'appliquer au repos de son âme tout ce qu'elle pourrait faire et souffrir pendant trois mois. Quelles étaient donc les causes de ses souffrances inexprimables ?... Peu de chose aux yeux du monde. La première, d'avoir préféré son propre intérêt à la gloire de Dieu ; la seconde, le manque de charité envers ses frères ; la troisième, trop d'attache aux créatures !

Ces trois mois furent pour Marguerite-Marie trois mois de martyre. Cette âme ne la quittait point. Elle la voyait toujours en larmes autour d'elle, brûlant dans des flammes ardentes. Néanmoins, plus la supérieure lui ordonnait de pénitences, plus Marguerite-Marie, tout en souffrant extérieurement, ressentait de consolations intérieures.

Enfin les trois mois sont écoulés. Le religieux lui apparaît glorieux, et lui dit en la remerciant, qu'il la protégerait devant Dieu : les souffrances de la bienheureuse cessèrent avec celles de l'âme purifiée.

Une novice qui avait perdu son père, le recommandait avec instance à ses prières, à l'époque où elle fut maîtresse des novices : *Ma fille*, lui dit-elle, *tenez vous en repos. Il est en état de vous faire part de ses prières, sans avoir besoin des nôtres ; demandez à madame votre mère quelle est l'action généreuse que*

fit votre père avant sa mort ; cette action lui a rendu
le jugement de Dieu favorable.

La novice obéit lorsqu'elle eut occasion de voir sa
mère. Elle apprit alors, qu'au moment où le mourant recevait le saint Viatique, il avait appelé un
boucher de la ville qui accompagnait le saint Sacrement ; alors, lui serrant la main, il lui demanda
humblement pardon de quelques paroles un peu
dures qu'il lui avait adressées naguère. Cet acte
d'humilité avait effacé une grande partie de ses
fautes aux yeux du Dieu des miséricordes.

La mère Greyffié raconte que Marguerite-Marie
priait un certain jour avec une grande ferveur pour
deux personnes qui avaient occupé une haute position dans le monde. Elle eut une révélation qui lui
fit connaître que l'une de ces âmes était condamnée pour plusieurs années aux peines du purgatoire.
Les nombreux services et les messes que l'on célé-
brait pour sa délivrance étaient appliqués par la
justice divine aux âmes de quelques pauvres familles
qui avaient été ruinées par son manque de justice
et de charité.

L'autre personne avait été reçue avec une grande
miséricorde par Notre-Seigneur, à cause de quel-

ques humiliations qu'elle avait reçues dans le monde avec une intention toute chrétienne.

En 1683, la mère Philiberte-Emmanuel de Montoui, supérieure de la Visitation d'Annecy, meurt en vénération dans l'institut. On la recommande particulièrement aux prières de Marguerite-Marie. Peu après, celle-ci dit à la mère Greyffié que Notre-Seigneur lui avait fait connaître que cette âme lui était chère, et que sa récompense serait grande lorsqu'elle aurait achevé de se purifier. Elle la vit dans le purgatoire, fort soulagée par les prières que l'on offrait pour elle. — La nuit du jeudi au vendredi saint, que Marguerite-Marie passait si pieusement, le divin Maître lui fit voir la religieuse placée sous le calice contenant la sainte Hostie, et participant aux mérites de la douloureuse agonie du jardin des Olives.

Le jour de Pâques, sa félicité commence, sans être entièrement complète; le jour du bon Pasteur, Marguerite-Marie entend la mère Philiberte chantant ces paroles si douces au cœur de la bienheureuse : *L'amour triomphe, l'amour jouit, l'amour en Dieu se réjouit*. Elle la voit comme abîmée dans la gloire. — Et cette âme, morte en odeur de sainteté, grandement chérie de Notre-Seigneur, était restée ainsi quatre-vingt-six jours après sa mort sans entrer au ciel!... Ici le pieux évêque de Soissons s'écrie : « Quel temps et quelles souffrances faudra-t-il donc aux âmes lâches et paresseuses pour expier leurs fautes dans le purgatoire ! »

Mais « Dieu a des grâces abondantes pour nous racheter. » Et parmi ces grâces, quelle reconnaissance ne devons-nous pas lui témoigner lorsqu'il daigne nous admettre à celles du Jubilé!

Marguerite-Marie était appelée à en recueillir de bien grandes en ces temps de faveurs spirituelles.

Le souverain pontife Innocent XI venait d'ouvrir un Jubilé pour implorer la miséricorde de Dieu dans les circonstances difficiles où se trouvait la chrétienté. Les Turcs menaçaient d'envahir l'Allemagne entière, et de porter l'étendard du prophète dans une grande partie de l'Europe. Vienne était assiégée par 300,000 barbares. S'ils s'emparaient de cette ville, tout était perdu. Mais Dieu se laisse toujours fléchir par la prière des justes. Le héros de la Pologne, Jean Sobieski, et le duc de Lorraine, appelés au secours de l'Allemagne, délivrent la ville assiégée, et sauvent ainsi à la fois l'empereur Léopold et une partie de l'Europe, car qui peut savoir où se serait arrêtée cette horde fanatique et sanguinaire ?

La bienheureuse, qui déjà avait reçu des faveurs si particulières lors du premier Jubilé, s'efforçait de correspondre à celles que Dieu lui réservait encore. Il en est trois, parmi toutes les autres, qu'il importe de faire connaître.

Un jour, Notre-Seigneur lui apparaît, tel qu'un juge irrité.

Elle s'anéantit, et tremble.

Il lui fait connaître que les crimes des infidèles l'irritent moins que les offenses des âmes qu'il s'est choisies. *Si elles ne s'amendent toutes*, ajouta le divin Sauveur, *je leur ferai sentir le poids de ma juste vengeance. Pleure et soupire continuellement pour mon sang inutilement répandu sur tant d'âmes qui en font de si grands abus dans ces indulgences.*

— *Mon Seigneur et mon Dieu*, répond Marguerite-Marie, en fondant en larmes, *il faut que votre miséricorde loge en votre Cœur toutes les âmes infidèles, afin qu'elles s'y sanctifient pour vous glorifier éternellement.*

— *Je le ferai, si tu veux me répondre de leur parfait amendement.*

— *Mais, vous savez, mon Dieu, que cela n'est pas en mon pouvoir, si vous-même ne le faites en rendant efficaces les mérites de votre Passion* (1).

(1) *Vie de la vénérable mère Marguerite-Marie*, par Mgr Languet.

Alors le divin Maître indique à sa fidèle servante ce qu'elle pouvait faire de plus méritoire pendant ce saint temps, et le ravissement cessa.

Une autre fois, elle travaillait à genoux dans une petite cour située près du Saint-Sacrement. Une mélodie ravissante se fait entendre. Le Cœur de Jésus-Christ lui apparaît plus brillant que le soleil, et comme environné de flammes; — et ces flammes étaient celles de son amour. — Des séraphins l'entourent, et chantent : *L'amour triomphe, l'amour jouit, l'amour en Dieu se réjouit.*

Ils l'invitent à se joindre à eux. Elle n'osait ; mais ils la pressent et l'encouragent. Ils désirent s'associer à elle pour rendre à ce Cœur adorable un continuel hommage, participer en sa personne à *l'amour souffrant*, et la faire participer en échange *à l'amour jouissant*.

En même temps, elle voit ces esprits bienheureux écrire cette association en lettres d'or dans le Cœur Sacré du Sauveur.

Cette vision dura deux ou trois heures, et laissa une si profonde empreinte dans le cœur de Marguerite-Marie, qu'elle en ressentit toujours la suavité. Depuis lors, en priant les saints anges, elle les appelait avec la ravissante simplicité des saints, *ses divins associés* (1).

Après l'avoir ainsi consolée, Notre-Seigneur lui montra à l'avance presque tout ce qu'elle aurait à souffrir le reste de sa vie pour l'exécution de ses desseins; et, déjà, elle éprouve ces peines et ces déchirements, ces désolations et ces angoisses comme présentes, bien qu'elles ne fussent que pour l'avenir. Alors ses répugnances augmentent. Désormais, toute son âme se révoltera davantage encore, lorsqu'il lui faudra pratiquer un acte de vertu. Il n'y en aura pas un qui ne devienne le sujet d'un combat... Mais aussi, comme le disait un grand saint : « Sans combat, point de victoire, sans victoire, point de couronne! » Maintenant elle en loue le Seigneur. Elle le loue, ce bon Maître, de lui avoir donné le courage de l'obéissance jusqu'à la mort.

Entre autres épreuves, Notre-Seigneur lui ordonna de jeûner au pain et à l'eau pendant cinquante jours pour honorer son jeûne au désert. Marguerite-Marie en demande la permission à la supérieure, qui la lui refuse. Le Sauveur, content de sa soumission, lui dit qu'il agréerait en supplément la privation de toute boisson pendant le même espace de temps.

(1) *Mémoires de la bienheureuse.*

Cette pénitence devait être bien plus pénible encore pour elle, à cause du feu intérieur qui la consumait sans cesse.

Cependant, en ayant obtenu la permission de la mère Greyffié, elle embrasse cette mortification avec une si vive joie, que sa supérieure lui ordonne au bout de quelques jours de l'interrompre.

Marguerite-Marie se soumet avec la même abnégation; mais elle s'adresse à Notre-Seigneur pour le prier de ne pas la priver de cette pénitence.

De nouveau, la supérieure lui donne la permission si vivement désirée. Notre admirable vierge passe cinquante jours entiers sans boire, et sa santé n'en semble pas plus altérée qu'à l'ordinaire.

En écrivant ce mot *santé*, nous ne savons réellement s'il peut être appliqué à Marguerite-Marie, qui fut toujours plus ou moins languissante ou malade. Nous en avons une preuve dans cette lettre que la mère Greyffié écrivit après sa mort aux religieuses de Paray; et là encore, nous admirerons l'obéissance héroïque de notre chère sainte.

Depuis un an, elle était à l'infirmerie, souffrant *d'un mal étrange*, lorsqu'elle demanda à cette supérieure la permission d'assister à la sainte messe. Elle le lui permit, à condition qu'elle se lèverait fort tard, sans être à jeun. L'humble Marguerite, qui désirait ardemment de communier, pria l'infirmière d'obtenir la faveur tout entière de la mère Greyffié; sur sa promesse, elle se leva de bonne heure. Au moment même où la sœur garde-malade sortait pour demander la permission désirée, la supérieure entre dans l'infirmerie. Elle voit Marguerite-Marie levée. Alors, après lui avoir reproché sérieusement ce qu'elle a lieu de croire une insoumission : « Vous irez à la messe, » ajoute-t-elle avec une grande sévérité ; » vous y communierez ; « mais, puisque votre propre volonté peut vous don- « ner, quand il vous plaît, assez de forces, je veux « aussi commander à mon tour. Vous avez eu assez de « forces pour vous lever quand il vous a plu, et pour « aller à la messe. Vous en aurez assez à l'avenir « pour suivre la Communauté. Sortez de l'infirme- « rie. Je vous défends d'y rentrer de six mois, si « ce n'est pour voir les malades lorsqu'il y en « aura (1). »

Marguerite-Marie avait reçu cette correction à genoux, les mains jointes, avec une profonde humilité, en demandant pardon, et en priant la supérieure de lui imposer une pénitence.

(1) *Mémoires de la mère Greyffié.*

Elle accomplit à la lettre ce qui venait de lui être imposé. Elle l'accomplit pendant *six mois*, au bout desquels elle retomba aussi malade qu'auparavant !

C'est par de telles épreuves que la sage supérieure correspondait aux desseins de Dieu sur sa fidèle servante. Elle pouvait désormais la quitter sans crainte : elle avait rempli auprès de l'humble professe la tâche que Dieu lui avait confiée. De loin, elle veillerait encore sur cette âme privilégiée, et saurait apporter des encouragements là où jusqu'alors elle s'était cru, par devoir, obligée de ne témoigner que défiance et sévérité.

FIN DE LA DEUXIÈME PARTIE.

TROISIÈME PARTIE

MARGUERITE-MARIE DANS LE CLOITRE

DEPUIS LA NOMINATION DE LA BIENHEUREUSE A LA CHARGE
DE MAITRESSE DES NOVICES JUSQU'A SA MORT.

1684-1690

I

Marguerite-Marie est nommée maîtresse des novices. — Elle remplit d'une manière admirable les devoirs de sa charge. — Premiers hommages rendus au Cœur de Jésus. — Contradictions.

Jusqu'ici nous avons vu Marguerite-Marie dans les humbles fonctions qu'elle remplissait (1) sans cesse contredite par ses supérieures, mortifiée par ses égales, rebutée de tous, méprisée, mise au dernier rang; et, cependant, toujours douce, recueillie, soumise, heureuse de ces opprobres et des sacrifices qui lui étaient imposés.

(1) Elle avait été tour à tour appelée à aider l'officière, l'infirmière, à surveiller les pensionnaires. On la mettait à tout pour rompre continuellement sa volonté.

Appelée désormais à l'une des charges les plus importantes du couvent, dans un poste d'autant plus difficile pour elle que sa répugnance à paraître était plus grande, elle n'en sera ni moins humble ni moins patiente ; et, tout en faisant respecter l'autorité qui lui est confiée, elle s'anéantira toujours davantage devant Dieu et devant les hommes.

La nouvelle supérieure, la mère Marie-Christine Melin, élue au mois de mai 1864, était professe à Paray-le-Monial lorsqu'elle fut appelée à gouverner le couvent. Témoin des grandes choses que Dieu faisait en Marguerite-Marie, elle n'eut aucune des hésitations des supérieures qui l'avaient précédée : peu de temps après son élection elle nomma la bienheureuse, maîtresse des novices. La seule pensée du vœu qu'avait fait Marguerite-Marie *de tout accepter sans se défendre*, put la déterminer à un tel sacrifice de sa volonté. Elle se soumit, et réclama avec ferveur le secours divin. Elle régla sa conduite sur ces paroles de saint Augustin : « Que celui qui est « à votre tête trouve son bonheur, non dans le pou- « voir qu'il a de vous commander, mais dans la « charité qui le fait votre serviteur ; que, devant « vous, il soit au-dessus de vous pour l'honneur « que vous lui rendez ; que, devant Dieu, la crainte

« le prosterne à vos pieds ; qu'il se montre vis-à-vis
« de vous comme un modèle de bonnes œuvres ;
« qu'il reprenne les esprits remuants, qu'il console
« les faibles, qu'il ait, soin des malades, qu'il
« soit patient envers tous ; qu'il se soumette à la
« discipline avec joie, et la maintienne avec une
« fermeté qui se fasse craindre ; et, quoique l'a-
« mour et la crainte soient nécessaires, qu'il cher-
« che plutôt à vous gouverner par l'amour que par
« la crainte, sans perdre de vue qu'il lui faudra
« rendre compte de vous au Seigneur. »

Telle fut la règle de conduite qu'observa Marguerite-Marie, à l'égard des jeunes filles confiées à ses
soins. Elle sut gagner leur affection et leur confiance, et s'efforça de leur inspirer le désir incessant d'arriver à la perfection. Elle en exigeait une
obéissance aveugle dans les plus petites choses
comme dans les plus grandes, ne donnant d'autres
bornes à cette vertu que le péché ; — une profonde
humilité de cœur ; — un détachement si grand
qu'elle leur faisait tirer au sort les images, les petits
objets de piété auxquels elles auraient pu s'attacher sans même s'en apercevoir ; — un ardent désir de s'approcher de la sainte communion, — l'a-
mour du silence et du recueillement.

Marguerite-Marie obtint ainsi des résultats admirables : Ses novices croissaient chaque jour en mérites devant Dieu. C'est que la bienheureuse puisait dans le Cœur du divin Maître les conseils et les encouragements qu'elle donnait. Souvent, aussi, une lumière surnaturelle illuminait son âme. Elle devinait les secrètes dispositions de ses filles, et leur prédisait ce qu'elles devaient ressentir plus tard.

En lisant les avis qu'elle leur adressait par écrit, on reste frappé d'admiration. Comment, en effet, ne pas s'étonner de voir une simple religieuse, jusqu'alors habituée à obéir sans réplique, posséder une telle perfection dans l'art si difficile de diriger et de conduire les âmes?

« Si vous êtes seule, dit-elle à une novice déchirée
« par des peines intérieures, embrassez votre cru-
« cifix; — sinon, serrez votre croix sur votre poi-
« trine en disant : O mon Sauveur, c'est de tout
« mon cœur que je désavoue ce qui se passe en
« moi de contraire à votre amour. J'accepte de
« bon cœur toutes les dispositions pénibles où il
« vous plaira de me mettre. J'aime et chéris votre
« croix pour l'amour de celui qui me la donne; je
« ne souhaite que l'accomplissement de votre sainte
« volonté. Toutes les fois que je baiserai la croix, ce

« sera pour vous témoigner que je me soumets à la
« mienne. »

A une autre, effrayée de se voir entraînée par le
péché : « Vous me faites plaisir, ma chère sœur, de
« m'exposer les penchants qui tourmentent votre
« pauvre cœur pour le porter au mal, et pour l'em-
« pêcher d'être tout à Dieu...

« .....Voyez-vous, il ne faut pas vous flatter, vous
« n'aurez rien qu'en combattant, et, pour ainsi dire,
« à la fine pointe de l'épée. C'est-à-dire qu'il faut
« que vous soyez de ces violents qui ravissent le
« ciel par force. »

« Je crois, écrit-elle à une autre âme troublée,
« je crois que c'est l'effet d'un très-grand amour de
« Notre-Seigneur envers vous que cette crainte
« qu'il vous donne. Ayez donc toujours une crainte
« amoureuse qui vous fasse opérer le bien, et fuir
« le mal ; renoncez à toute autre intention que
« celle de Dieu, et de ce qui peut lui plaire...

« ... Votre cœur est encore trop attaché aux créa-
« tures et à l'amour du plaisir. Il faut mourir à
« tout cela, si vous voulez que le pur amour règne
« dans votre cœur. Il faut de plus rompre cette at-
« tache que vous avez à votre volonté, car elle dé-
« plaît beaucoup à Notre-Seigneur. »

« Vous ne trouverez jamais la vraie paix qu'en
« vous faisant contradiction et violence (1). »

La paix, la paix! C'est toujours cette paix divine
qu'elle cherche à faire régner dans les cœurs :
« Agissez et souffrez en silence, dit-elle encore.
« En quelque disposition que Dieu vous laisse,
« ne vous troublez de rien; mais laissez-le faire,
« en vous unissant à toutes ses saintes intentions. »

« Ayez une grande confiance en Dieu, répète-t-
« elle à une autre, fort éprouvée sur sa vocation ;
« sa miséricorde surpasse infiniment toutes nos
« misères. Jetez-vous souvent entre ses bras, et
« dans son divin Cœur, en vous abandonnant à tout
« ce qu'il veut faire de vous. Ne vous abattez point,
« parmi toutes les peines et les sécheresses, souf-
« frez-les en esprit de patience. »

Et lorsqu'elle voit une âme généreuse, toute
livrée à l'amour du divin Maître : « Allez simple-
« ment à Notre-Seigneur, lui dit-elle. Il ne vous
« perdra pas, car il vous aime. Confiez-vous en
« lui, en vous oubliant et vous méprisant vous-
« même. Bornez-vous à l'aimer; laissez-le faire ;
« et cela suffit (2). »

(1) *Recueil des écrits de la vénérable mère Marguerite-Marie.*
(2) *Idem.*

Mais, si elle est remplie de mansuétude pour encourager les âmes de bonne volonté, et consoler celles qui sont affligées, elle sait en même temps reprendre avec fermeté. « Je me suis souvenue de « vous à la sainte communion, écrit-elle à une « novice trop vive; mais Notre-Seigneur veut que « je vous dise qu'il n'est pas content; que, si vous « n'êtes pas plus attentive à modérer vos petites « saillies et vos promptitudes, vous le contraindrez « à s'éloigner de votre cœur. Prenez garde de « vous détourner de la voie qu'il vous a tracée; car « vous deviendriez aussi méchante qu'il vous veut « bonne (1). »

Ainsi s'exprimait la vigilante maîtresse; sous cette direction ferme et douce, le noviciat florissait; la ferveur première renaissait : elle devait se perpétuer jusqu'à nos jours.

Un des moyens les plus puissants que désirait employer Marguerite-Marie pour faire avancer ses filles dans la voie parfaite, c'était la dévotion au Sacré Cœur de Jésus. Nous la verrons, plus tard, y puiser ses plus admirables instructions; jusqu'alors, elle n'avait pu encore trouver l'occasion de faire honorer ce Cœur divin. Elle savait attendre les moments

(1) *Recueil des écrits de la vénérable mère Marguerite-Marie.*

du Maître suprême, et se conformer en tout à ses desseins.

Près d'un an s'était passé. Marguerite-Marie se faisait aimer chaque jour davantage, et ses filles chéries attendaient avec une pieuse impatience une occasion de lui prouver leur reconnaissance.

Le 20 juillet 1685, tout le noviciat était en fête. Le doux visage des jeunes novices rayonnait de joie. Quels que fussent leurs efforts pour observer le silence de la règle, elles ne pouvaient s'empêcher de laisser échapper de temps en temps quelque joyeuse exclamation. L'essaim bourdonnait malgré lui dans la ruche : la sainte allégresse et la reconnaissance n'ont point de clôture. La bonne maîtresse s'aperçut de cette disposition : elle en comprit bientôt le motif. La fête de sainte Marguerite, sa patronne, arrivait le lendemain : elle tombait un vendredi. Frappée de ce rapprochement, elle résolut d'en profiter pour faire rendre un hommage solennel au Sacré Cœur de Jésus.

Au moment où les novices se préparaient à offrir des fleurs à Marguerite-Marie, celle-ci leur parle avec une telle effusion du Cœur de Jésus, que toutes spontanément, et sur le simple désir qu'elle en exprime, s'empressent de disposer un petit autel

dans la salle du noviciat. Là, elles placent l'image
du divin Cœur ornée de tous ses pieux emblèmes,
et lui offrent les bouquets destinés à sa fidèle servante. Alors celle-ci, le visage rayonnant de joie, se
prosterne avec la ferveur d'un chérubin devant la
sainte image, et d'une voix émue :

« O Cœur adorable de mon aimable Jésus, siége de
« toutes les vertus, source inépuisable de toutes les
« grâces, qu'avez-vous pu trouver en moi pour m'ai-
« mer avec tant d'excès, tandis que, souillée de mille
« péchés, mon cœur n'avait pour vous que de la
« dureté et de l'indifférence? Les témoignages
« éclatants de la tendresse de votre amour pour
« moi, lors même que je ne vous aimais point, me
« font espérer que vous agréerez les marques par
« lesquelles je veux vous témoigner que je vous
« aime. Agréez donc, ô mon aimable Sauveur, le
« désir que j'ai de me consacrer entièrement en
« l'honneur et à la gloire de votre Sacré Cœur ;
« agréez la donation que je vous fais de tout ce que
« je suis. Je vous consacre ma personne et ma vie,
« mes actions, mes peines et mes souffrances, ne
« voulant être désormais qu'une victime consacrée
« à votre gloire, maintenant embrasée, et un jour,
« s'il vous plaît, tout à fait consumée des flammes

« sacrées de votre amour. Je vous offre donc, ô
« mon Seigneur et mon Dieu, je vous offre mon
« cœur avec tous les sentiments dont il est suscep-
« tible, que je désire voir toute ma vie conformes
« aux vôtres. Me voilà donc, Seigneur, tout à votre
« Cœur, me voilà tout à vous. O mon Dieu, que vos
« miséricordes sont grandes envers moi! Dieu de
« majesté! que suis-je pour que vous daigniez agréer
« le sacrifice de mon cœur? Il sera désormais tout
« à vous, et les créatures n'y auront plus de part.
« Soyez désormais, aimable Jésus, mon père, mon
« ami, mon maître et mon tout. Je ne veux plus vi-
« vre que pour vous. Recevez, aimable Sauveur des
« hommes, le sacrifice que la plus ingrate créature
« fait à votre Sacré Cœur, pour réparer le tort
« qu'elle n'a cessé de lui faire en correspondant si
« mal à son amour. Je lui donne peu; mais du
« moins je lui donne tout ce que je puis, et tout
« ce qu'il souhaite; et quand je lui consacre ce
« cœur, je le lui donne pour ne le reprendre ja-
« mais.

« Apprenez-moi, ô mon aimable Sauveur, le par-
« fait oubli de moi-même, puisque c'est la seule
« voie qui peut me donner l'entrée que je désire
« dans votre Cœur Sacré; et puisque je ne ferai rien

« désormais qui ne soit à vous, faites en sorte que
« tout ce que je ferai soit digne de vous.

« Enseignez-moi ce que je dois faire pour parve-
« nir à la pureté de votre amour, et donnez-moi
« cet amour ardent et généreux. Donnez-moi cette
« profonde humilité sans laquelle on ne saurait
« vous plaire, enfin accomplissez en moi parfai-
« tement toutes vos saintes volontés et dans le temps
« et dans toute l'éternité. Ainsi soit-il(1)! »

Et tandis qu'elle laissait ainsi exhaler un chant
d'humilité et d'amour, les novices ravies, tout em-
brasées à ce doux contact, consacraient leurs cœurs
à Celui du divin Sauveur, qui recevait avec bonté ce
premier hommage de l'innocence. Un silence d'adoration avait succédé à cet élan spontané vers le
Cœur de Jésus. La bienheureuse, les voyant si pieusement disposées, leur inspire alors d'écrire chacune un acte de consécration particulière, suivant le
mouvement de l'Esprit-Saint ; et de tous ces actes,
elle en forme un seul auquel elle-même ajoute
quelques mots.

« Seigneur Jésus, saint et doux amour de nos
« âmes, qui avez promis de vous trouver là où deux
« ou trois seront assemblés en votre nom, voici nos

_____

(1) *Recueil des écrits de la vénérable mère Marguerite-Marie.*

« cœurs unis d'un même accord pour vous adorer,
« louer, aimer, et pour plaire au vôtre, très-saint et
« sacré, auquel nous dédions ensemble et consa-
« crons les nôtres pour le temps et pour l'éternité,
« renonçant pour jamais à tous les amours et affec-
« tions qui ne sont pas dans l'amour et dans la dé-
« pendance de votre Cœur adorable ; désirant que
« tous les souhaits, aspirations et désirs des nôtres
« soient toujours conformes au bon plaisir du vôtre,
« que nous voulons contenter autant que nous en
« sommes capables. Mais, comme nous ne pouvons
« rien de bon de nous-mêmes, nous vous supplions,
« ô très-adorable Jésus, par l'infinie bonté et dou-
« ceur de votre très-Sacré Cœur, de soutenir les
« nôtres, en les confirmant dans la résolution que
« vous leur faites faire pour votre amour et votre
« service, afin que jamais rien ne nous sépare et dé-
« sunisse d'avec vous, mais que nous soyons fidèles
« et constantes en cette résolution, sacrifiant pour
« cela à l'amour de votre Sacré Cœur, tout ce qui
« peut donner de vains plaisirs aux nôtres, et les
« amuser inutilement aux choses d'ici-bas. Nous
« confessons que tout y est vanité et affliction d'es-
« prit, hors de vous aimer et servir, mon Dieu, et
« très-aimable Sauveur, ne voulant avoir désormais

« d'autre gloire que celle de vous appartenir, en
« qualité d'esclave de votre pur amour ; plus d'au-
« tre volonté ni puissance que celles de vous plaire,
« et de vous contenter en tout aux dépens de notre
« propre vie. »

« Et puisque vous avez tout pouvoir, ô douce Ma-
« rie, auprès de ce divin Cœur, faites qu'il reçoive
« et accepte cette consécration que nous lui faisons
« aujourd'hui en votre présence et par votre entre-
« mise, avec les protestations de notre fidélité, si
« nous sommes soutenues de sa grâce et de votre
« secours que nous vous supplions de ne pas nous
« refuser. Ainsi soit-il (1). »

L'amour divin est une flamme qui tend toujours
à se dilater. Les novices, par ordre de la bienheureuse, courent auprès des plus ferventes professes
et les invitent à se joindre à elles pour honorer le
Cœur Sacré de Jésus. Presque toutes refusent, avec
une certaine ironie.

L'une des professes, Marie des Escures, qui paraissait fort attachée à Marguerite-Marie, répond
vivement : « Allez dire à votre maîtresse que la
« bonne dévotion est la pratique de nos règles
« et de nos constitutions ; que c'est là ce qu'elle

(1) *Recueil des écrits de la vénérable mère Marguerite-Marie.*

« doit vous enseigner, et que vous devez bien pra-
« tiquer (1). »

Les novices retournent tristement auprès de leur
mère spirituelle. Cependant, désireuses de cacher
autant que possible ce qu'il y avait de blessant dans
ce refus, elles ne lui donnent aucun détail. Mais
Marguerite-Marie leur fait comprendre qu'elle sait
tout, et qu'il faut attendre que Notre-Seigneur
veuille bien les attirer à Lui.

La journée se passe dans de pieux exercices propres à entretenir les sentiments de la plus tendre dévotion; et, déjà, les fiancées du Christ ressentent
d'ineffables délices, avant-goût de celles dont elles
devaient être comblées plus tard. *Oh! mes chères
sœurs,* leur disait la pieuse maîtresse dans l'effusion
de sa joie, *vous ne pouviez me faire un plaisir plus
sensible que de rendre des hommages au Cœur divin de
Jésus, en vous consacrant tout à Lui...*

*... Aimons-le donc, mais aimons-le sans réserve, sans
exception; donnons tout et sacrifions tout pour avoir ce
bonheur, et nous aurons tout, en possédant le Cœur de
Dieu.....*

*... Jésus-Christ veut être toutes choses au cœur qui
l'aime, mais ce ne sera qu'en souffrant pour Lui (2).*

(1) *Vie de la vénérable mère Marguerite-Marie,* par Msr Languet.
(2) *Idem.*

II

La mère Melin défend à Marguerite-Marie d'honorer le Sacré-Cœur d'un culte public. — Jésus la console. — La mère Greyffié lui envoie une miniature, et propage le nouveau culte. — Joie pieuse de Marguerite-Marie.

Cette heureuse journée avait passé; mais le flot des murmures, des contradictions, des interprétations malignes, croissait toujours. La Communauté entière se soulevait contre une innovation qu'elle regardait comme dangereuse, et contraire à la règle. Bien que la mère Melin conservât une haute idée de la sainteté de Marguerite-Marie, elle crut néanmoins devoir céder à l'orage pour le bien de la paix. Elle lui défendit de rien faire pour propager la nouvelle dévotion, et lui ordonna de se borner à en exercer la pratique dans le noviciat.

La servante de Dieu obéit avec son humilité ordinaire. Elle était à la fois heureuse et attristée de cette contradiction : heureuse, car elle souffrait persécution pour la justice; mais attristée par la crainte de voir pécher celles qui y mettaient obstacle.

Je vous remets, ô mon Jésus, disait-elle, *le soin de défendre votre cause pendant que je souffrirai en silence* (1).

(1) *Vie de la vénérable mère Marguerite-Marie*, par Msr. Languet.

7

Et Notre-Seigneur lui répondait : *Ne crains rien, je régnerai malgré les contradictions* (1). »

Cette assurance, en consolant la bienheureuse, lui inspirait de nouveaux sentiments d'humilité.

Elle écrivait à la mère de Saumaise, l'une de ses anciennes supérieures : «... Vive Jésus ! Je me « plains quelquefois à Lui de ce qu'il n'emploie pas « des personnes d'autorité et de science, qui au- « raient par leur crédit beaucoup avancé, ce me « semble, la dévotion de son divin Cœur. Voici ce « qu'il m'a fait entendre. Qu'il n'avait que faire « pour cela des puissances humaines, parce que la « dévotion et le règne de ce sacré Cœur ne s'établi- « raient que par des sujets pauvres et méprisés, et « parmi les contradictions, afin que l'on n'en attri- « buât rien à la puissance humaine ; et que, mal- « gré toutes les oppositions et difficultés que l'on y « formerait, il régnerait, se ferait connaître et ai- « mer (2). »

La mère de Saumaise n'était pas la seule à la- quelle Marguerite-Marie révélait les secrets de son intérieur. La mère Greyffié, malgré sa sévérité ap- parente, — peut-être même à cause de cette sévé-

---

(1) Copie fidèle d'un mémoire de la bienheureuse.
(2) *Écrits de la bienheureuse.*

rité, — avait aussi toute sa confiance. La fidèle adoratrice du Sacré Cœur lui avait fait part de tout ce qui se passait, et comme elle redoutait toujours les illusions, elle attendait avec anxiété la réponse de cette sage supérieure, qu'elle supposait devoir être entièrement contraire à ses désirs. Mais, dans les vues admirables de la divine Providence, c'était au contraire la mère Greyffié qui, après avoir été la plus opposée à cette nouvelle dévotion, devait en devenir l'une des plus zélées propagatrices.

Un jour, Marguerite-Marie reçut du monastère de Semur, où la mère Greyffié était alors supérieure, une ravissante miniature représentant le Cœur de Jésus entouré de flammes, avec la couronne d'épines. Rien ne peut donner une idée de sa joie en apprenant par là l'adhésion que donnait enfin la mère Greyffié à ses intimes espérances. Mais combien son bonheur fut-il plus grand encore, lorsqu'elle apprit que toute la Communauté de Semur s'unissait à elle pour honorer le divin Cœur ! Laissons-la parler ; lisons une fois de plus dans cette âme séraphique, qui ne vivait que par amour.

« Je m'attendais, ma chère mère, que vous alliez « me dire de ne plus penser à introduire cette dévo-

« tion, non plus que si c'eût été une vaine chimère
« de mon imagination; et, par avance, je m'y tenais
« soumise, parce que je donne peu de créance à tout
« ce qui vient de moi. Mais lorsque j'ai vu la repré-
« sentation de cet unique objet de notre amour que
« vous m'avez envoyée, il m'a semblé reprendre
« une vie nouvelle. J'étais plongée dans une mer
« d'amertume et de souffrance, et Dieu l'a changée
« en une si grande paix et soumission à toutes les
« dispositions de la céleste Providence à mon égard,
« qu'il me semble depuis que rien n'est capable de
« me troubler. Que je m'estimerais heureuse si,
« avant de mourir, je pouvais lui rendre quelque
« service! Vous pouvez, ma chère mère, m'aider
« beaucoup, en rassurant mon pauvre et faible cou-
« rage qui s'intimide de tout...

   « Cette nouvelle me cause des transports de joie
« mille fois plus grands, que si vous me mettiez
« en possession de tous les trésors de la terre (1). »

   Désormais assurée du triomphe du divin Cœur,
elle embrasse avec une joie nouvelle la croix des
mortifications et des souffrances. *Ah! mon unique
amour*, dit-elle au Sauveur qui lui demandait un

   (1) Lettre citée dans la *Vie de la vénérable mère*, par Mgr Languet.

jour ce qu'elle préférerait, — jouir avec les séraphins, ou souffrir pour le règne de son Cœur adorable dans ceux des hommes, — *ah! mon unique amour, qu'il m'est bien plus doux selon mon désir, et que j'aime bien mieux souffrir pour vous faire connaître et aimer, si vous m'honorez de cette grâce, que d'en être privée, pour être au nombre de ces ardents séraphins* (1) !

III

Humiliations et persécutions. — Marguerite-Marie les supporte avec fermeté, humilité, joie. — Elle réprimande ses novices qui voulaient la défendre.

Le divin Maître avait accepté le sacrifice que lui offrait l'innocente victime de son amour.

Il allait partager avec elle la croix des humiliations et des souffrances. Elle ne tarda pas à cueillir de nouvelles palmes au pied du Calvaire, et à se couronner de la couronne d'épines du Sauveur. Ce fut alors qu'elle s'écriait dans les transports d'ineffables douleurs :

« Je veux tout souffrir sans me plaindre ;
« L'amour de mon Sauveur m'empêche de rien craindre (2). »

(1) Lettre à la mère Greyffié, citée dans la *Vie de la vénérable mère*.

(2) *Vie de la vénérable mère Marguerite-Marie.*

« ... Plus mon corps est accablé, plus mon esprit
« ressent de joie et de liberté pour s'occuper de
« Jésus souffrant et s'unir à lui. Que puis-je désirer
« davantage que de devenir une parfaite copie de
« Jésus crucifié (1) ? »

Nous nous étonnons de ce langage... C'est que
nous ignorons la puissance de l'amour : aimons
Dieu, et il nous sera donné de comprendre les actes
héroïques des saints.

Lorsqu'elle croyait du devoir de sa charge d'agir
avec sévérité, rien ne pouvait l'en détourner. Parmi
les novices qu'elle dirigeait, se trouvait une jeune
personne de haute naissance, élevée dans le monastère même, d'un caractère doux et timide, d'une
grande exactitude à remplir ses exercices de piété ;
elle semblait annoncer toutes les marques de la
vocation religieuse. Ses compagnes, qui n'avaient jamais eu à s'en plaindre, l'aimaient tendrement ; et
lorsqu'elle manifesta le désir d'entrer au noviciat,
on l'y admit avec une facilité d'autant plus grande
que son père, fort puissant dans le pays, paraissait
le souhaiter vivement.

Cependant Marguerite-Marie la surveillait avec
un soin tout particulier. Bien qu'elle reconnût en

_____

(1) *Écrits de la bienheureuse.*

la jeune novice de bonnes qualités, elle lisait dans ce cœur partagé une extrême répugnance pour la clôture et pour les trois vœux; l'amour du monde; une appréhension excessive pour cette vie qui allait lui être imposée. Mais alors, pourquoi l'acceptait-elle ? Ah ! c'est que la malheureuse jeune fille, sacrifiée par son père à des vues ambitieuses pour d'autres frères et sœurs plus aimés qu'elle, avait été destinée dès l'enfance à l'état religieux. Se jouant ainsi de ce qu'il y a de plus saint, de plus sacré, — la liberté de conscience,— il avait intimé à sa fille l'ordre de rester dans le cloître ; et celle-ci, persuadée que toute résistance serait inutile, et ne servirait qu'à irriter un père qu'elle craignait extrêmement, cachait son désespoir sous les dehors d'une fausse piété, prête à mentir à sa conscience, à son Dieu, pour éviter des scènes de violence, dont la seule pensée la faisait frémir.

Si la sainte Église condamne à juste titre la conduite des parents qui entravent la vocation religieuse de leurs enfants, et qui s'opposent à ce qu'ils se donnent à Dieu quand Dieu les appelle, elle n'est pas moins sévère envers les pères et les mères qui abusent de leur autorité pour les entraîner de force dans toute autre voie, quelque sainte qu'elle puisse être. La sainte Église est un jardin délicieux où s'épanouissent mille fleurs différentes. A chacune son éclat, son parfum, sa propriété particulière. Toutes ne sont pas appelées à fleurir sous les yeux de l'Époux, et à exhaler leur encens dans ce jardin fermé. — Ainsi en est-il des vocations. Dieu se choisit certaines âmes d'une manière toute particulière. Les autres, non moins aimées, mais appelées seulement à la voie ordinaire, peuvent s'y sanctifier : elles trouveraient leur perte, là où quelques-unes s'élèvent au plus haut degré de la perfection.

Marguerite-Marie, après avoir soumis la novice à de longues et prudentes épreuves, convaincue qu'elle n'était point propre à la vie religieuse, en avertit la supérieure, afin qu'elle prévînt le père de la jeune personne.

En voyant tous ses projets déjoués, celui-ci, fait venir sa fille au parloir ; et, d'une voix terrible, il lui demande si elle veut le déshonorer, lui et sa famille. « Quelle existence vous sera faite dans le monde, s'écrie-t-il, fille ingrate et dénaturée ? Comment oserez-vous y paraître, après avoir porté le saint habit ? Où est votre honneur ? Où sont vos serments ? Osez-vous bien vous jouer ainsi de promesses faites à Dieu ? » L'infortunée se jette toute tremblante aux pieds de son père, elle fond en larmes, et s'écrie : « N'en croyez rien, mon père. Je n'ai jamais eu la coupable pensée de renoncer à ma vocation. Mon désir de me consacrer à Dieu est toujours le même.

— Eh, madame, dit-il alors à la supérieure, quel peut être votre dessein? Pourquoi chercher à jeter le déshonneur sur cette pauvre enfant, et le blâme sur ma conduite? Ne devriez-vous pas, au contraire, me remercier d'avoir choisi votre maison pour y laisser ma fille? Qu'a-t-elle fait, pour être chassée de la Communauté? — Vous la garderez, madame; elle prononcera ici même ses vœux, ou vous entendrez parler de moi d'ici à quelque temps. »

Ce personnage, que l'historien de notre bienheureuse ne nomme pas, avait une grande influence sur les habitants de Paray-le-Monial et des environs. Il pouvait faire beaucoup de tort au noviciat. La supérieure se trouvait d'autant plus embarrassée que la novice, sous l'impulsion des menaces de son père, protestait toujours de son désir d'entrer en religion.

Marguerite-Marie, persuadée qu'elle n'était point sincère, ne fléchit point. A la colère, aux reproches,

7.

aux humiliations, aux menaces, elle opposa une fermeté inébranlable.

La jeune personne se vit obligée de demander elle-même à sortir de la maison, et son père dut y consentir. Mais, animé par le ressentiment et par la honte de voir sa conduite dévoilée et ses projets d'avenir manqués, il répandit des bruits fort injurieux sur le couvent en général et sur la maîtresse des novices en particulier. Il la traita de folle, de visionnaire, et sut faire partager son opinion par un grand nombre de personnes fort considérées.

On demandait Marguerite-Marie au parloir : elle paraissait... et c'était pour l'insulter en face ou l'humilier d'une manière indigne. Heureuse de partager les opprobres du divin Maître, elle n'opposait que le silence, la sérénité, la douceur à ses persécuteurs, bien que souffrant en son âme d'inexprimables angoissés, que lui causait toujours la crainte d'être dans l'illusion.

Parmi ceux qui, avec une véritable bonne foi, en se rangeant au nombre de ses détracteurs, lui firent craindre davantage encore de suivre une fausse voie, se trouva un religieux d'une haute naissance, et d'une grande réputation de piété. Il ne connaissait de la maîtresse des novices que ce qu'il en entendait dire par la famille de la jeune personne dont il était l'ami. Il prit naturellement le parti de celle qu'il croyait être l'opprimée, et se crut en conscience obligé de décrier Marguerite-Marie qu'il accusa faussement d'hypocrisie.Lorsque notre humble vierge se vit condamnée par un religieux d'une si haute vertu, elle sentit de nouveaux troubles intérieurs. Ne sachant plus une fois encore définir ces sentiments si opposés, si divers, qui tantôt l'élevaient jusqu'au ciel, et tantôt l'abaissaient comme la dernière des créatures, elle se condamna elle-même. Afin de détourner de la Communauté tout blâme, toute mauvaise interprétation, elle conjura la supérieure de lui permettre de demander pardon à la novice avant de laisser sortir celle-ci du couvent.

On vit alors un étrange et sublime spectacle : l'épouse bien-aimée de Notre-Seigneur, la fidèle adoratrice de son Cœur adorable, celle que l'Église devait honorer un jour d'un culte public, prosternée aux pieds de la coupable novice qui aurait dû fondre en larmes à un tel abaissement.

Cependant, Marguerite-Marie fut bientôt rassurée. Le Père Rolin, supérieur du couvent des Jésuites, avait alors la direction de son âme. L'humilité qu'elle

avait fait paraître en cette circonstance contribua
beaucoup à le convaincre qu'elle n'était pas dans
une voie illusoire, comme il aurait pu lui-même le
craindre dès le principe. Il lui donna de sages
conseils, de pieux encouragements ; et, la voyant
fort attristée par la pensée que l'on offensait Dieu
en l'accusant injustement, il lui répondit : « C'est
« l'amour divin qui vous fait agir ; et, ce qui me
« console, il se sert des âmes qui lui sont chères
« pour vous faire souffrir.....

« ..... Les âmes saintes, qui vous procurent des
« croix, plaisent à Dieu dans le petit martyre
« qu'elles vous font souffrir.....

« ..... Ne vous repentez de rien de ce que vous
« avez dit : une cause qui produit de si bonnes croix,
« ne saurait être mauvaise. Laissez faire toutes les
« plaintes qu'on voudra... Vous devez vous réjouir
« de tout : démission, prison (1), tout est amour de
« Jésus-Christ pour vous. Je demande de vous l'a-
« bandon, et un cœur prêt à tout faire et à tout
« souffrir (2). »

En même temps, les novices, désolées d'entendre

---

(1) On avait été jusqu'à la menacer de prison.
(2) *Lettre du père Rolin*, trouvée dans les papiers de la bienheureuse.

calomnier leur bien-aimée maîtresse, prirent son parti avec une telle chaleur, que l'humilité de celle-ci s'en alarma. Elle les en réprimanda sévèrement, et leur fit comprendre que l'amour-propre avait été le principal mobile de leur conduite, et qu'elles perdraient, en agissant ainsi, le mérite attaché à la croix que Dieu leur avait présentée. « Ayons donc « un grand regret d'avoir donné ce déplaisir au « Cœur de Jésus en ruinant les desseins qu'il a sur « nous, écrit-elle ; et, pour lui en demander par- « don, offrez-lui toutes les pratiques que vous ferez. »

Après leur avoir imposé certaines pénitences, elle ajoute : « Mais, au nom du Sauveur, plus tant de « réflexions ni d'excuses d'amour-propre. Gardons « le silence dans les sujets de mortification ; soyons « charitables et humbles dans nos pensées, aussi « bien que dans nos paroles...

« ..... A Dieu ; mais toutes à Dieu ; portez sa « Croix ; portez-la de bon cœur, joyeusement, cou- « rageusement ; autrement vous en rendrez un « compte très-rigoureux (1). »

(1) *Extrait d'un écrit de la bienheureuse à ses novices.*

IV

Dieu se sert des personnes qui étaient le plus opposées à la dévotion au Sacré-Cœur pour l'établir. — Première fête solennelle,
21 juin 1686. — Joie de la bienheureuse.

Le moment approchait, où la promesse faite par
Notre-Seigneur à sa fidèle servante allait s'accomplir. Le culte de son adorable Cœur devait s'établir
dans la communauté par les personnes mêmes qui
s'y étaient le plus opposées. Marguerite-Marie en
avait une telle assurance qu'elle écrivait à la mère
de Saumaise :

« Vive Jésus... Il se servira de toutes ces con-
« tradictions comme d'un solide fondement pour
« établir cette sainte dévotion pour laquelle il faut
« nous résoudre à soutenir généreusement toutes les
« difficultés, et toutes les bourrasques de Satan. On dit
« même que tous les curés ont ordre de ne recevoir
« aucune dévotion nouvelle dans leurs paroisses, et
« que celle de ce divin Cœur est déjà défendue en
« quelques-unes. On dit de plus que l'on va faire
« défense à tous les libraires de rien imprimer sur
« ce sujet ;... mais tout cela ne m'étonne point. J'ai
« une si grande confiance que Notre-Seigneur achè-
« vera ce qu'il a commencé, qu'il me semble qu'en
« fît-on plus encore, je n'en saurais douter. »

Et plus loin : « Je lui dis souvent : Seigneur, c'est
« votre affaire ; je sais que, si vous le voulez, elle
« réussira infailliblement, malgré tous les obstacles
« que l'on pourrait former, mais, si vous ne le vou-
« lez pas, en vain y travaillerons-nous, vous renver-
« serez tous nos desseins (1). »

Admirable résignation des saints, qui ne cherchent autre chose que la volonté divine !

Cette volonté devait triompher, et opérer un
merveilleux changement dans les cœurs. Nos lecteurs n'ont pas oublié, sans doute, la réponse de la
sœur Marie des Escures aux novices qui lui propo-
sèrent de se joindre à elles pour honorer le Sacré
Cœur. Cette religieuse, d'une piété sincère, d'une
exactitude rigoureuse à la règle, avait agi de bonne
foi en s'opposant à ce qu'elle regardait comme une
pratique irrégulière, aussi Notre-Seigneur daigna-
t-il se servir d'elle pour répandre la nouvelle dévotion.

Le dernier jour de l'Octave du très-saint Sacrement 1686, une lumière soudaine éclaire l'âme de
Marie des Escures ; le doute disparaît ; la grâce
agît d'une manière surnaturelle ; un désir ardent
de réparer son ingratitude envers le divin Cœur de

(1) *Écrits de la bienheureuse.*

Jésus, l'enflamme. En vain, elle lutte encore; elle se sent attirée, persuadée, vaincue. Il faut qu'elle soit la première à réparer la froideur et l'indifférence qui ont accueilli cette nouvelle manifestation de l'amour de Dieu. Pour cela, elle fera une démarche qui, en coûtant à son amour-propre, sera déjà une expiation. Le soir même, elle demande d'une voix tremblante à Marguerite-Marie de lui prêter la miniature envoyée par la mère Greyffié. La prudente maîtresse la lui remet avec bonheur, mais ne lui adresse aucune question, bien que l'Esprit-Saint lui ait fait comprendre aussitôt l'usage que la sœur des Escures désirait en faire. Elle prie avec ses novices....

Priez, vierges innocentes et pures. Prosternez-vous aux pieds du divin Maître; ou, plutôt, jetez-vous dans son Cœur. Réjouissez-vous, adorez, bénissez; car, bientôt, il vous réunira toutes dans ce foyer d'amour pour y allumer en vous « ce feu « qu'il est venu apporter sur la terre ».

Le lendemain, vendredi 21 juin 1686, les filles de Sainte-Marie, en venant adorer le très-saint Sacrement, s'arrêtaient avec une respectueuse surprise devant un petit autel placé dans le chœur intérieur de l'église. Là, au milieu des fleurs et des lu-

mières, apparaît la sainte image représentant le
Cœur de Jésus. Elle est entourée d'une inscription
qui invite les épouses du Sauveur à lui rendre de
sincères hommages.

On se dit à voix couverte que c'est la sœur Marie
des Escures, naguère la plus opposée au culte nouveau, qui en est maintenant la plus fervente pro-
pagatrice.

A la première surprise, succèdent spontanément
les sentiments les plus touchants de repentir et d'a-
mour. Tous les genoux fléchissent, tous les fronts
s'inclinent, toutes les âmes bénissent, adorent,
aiment, glorifient le très-saint, très-sacré, très-adorable Cœur de Jésus présent au Très-Saint-Sacrement de l'autel !

C'était le jour qu'avait choisi de toute éternité
le divin Maître, pour se manifester à ses fidèles
épouses. Elles étaient à lui pour toujours, toujours !
Toutes ne formaient plus qu'un seul cœur uni à jamais à son Cœur adorable. La communauté entière
lui appartenait.

Ces premiers instants de ferveur sensible où la
terre devient le ciel, ne devaient pas être sans fruit.
Il s'agissait d'établir la consolante dévotion avec
solennité.

La réaction avait été si prompte, si merveilleuse,
que le jour même, on résolut de faire peindre un
grand tableau représentant le divin Cœur avec tous
ses attributs, et de bâtir une chapelle qui lui fût
spécialement consacrée. Toutes les religieuses s'as-
socient avec un si pieux élan à ce projet que,
déjà, une grande partie de l'argent nécessaire est
trouvé. Pensionnaires, religieuses, sœurs con-
verses, toutes imaginent quelque pieuse invention
pour se procurer les fonds indispensables. En attendant la construction de la nouvel chapelle, on
s'empresse de préparer un endroit convenable
et apparent pour déposer la miniature, doux et
saint asile où les malades qui ne pouvaient tra-
verser le jardin pour prier au nouvel oratoire, se
refugiaient dans le Cœur compatissant du Sauveur.

« Je mourrai maintenant contente, écrivait la
« bienheureuse à la mère Greyffié, puisque le Cœur
« de mon Sauveur commence à être connu (1). »

Oui, elle pouvait désormais s'endormir en paix
sur cette poitrine adorable où, déjà, elle avait reposé avec de si inexprimables délices; elle pouvait,
comme saint Jean l'Évangéliste, auquel ses novices
la comparaient souvent, répéter sans cesse : « Mes

(1) Lettre à la mère Greyffié.

« petit enfants, aimez-vous les uns les autres ; » elle
savait ce que c'est que l'amour divin ; elle en chantait le sublime cantique dans ces vers qu'elle avait
composés en l'honneur du Très-Saint-Sacrement :

C'est dans la sainte Eucharistie
Que j'ai trouvé mon vrai trésor.
Jésus, pour m'y donner la vie,
S'y tient dans un état de mort.

C'est à l'ombre de cette hostie,
Qu'il a blessé mon pauvre cœur.
Pour lui communiquer sa vie,
Il s'en est rendu le vainqueur.

S'il ne fallait rien que ma vie
Pour recevoir ce Dieu d'amour,
Ah ! combien je serais ravie
De la donner cent fois le jour !

Si, pour voir ce Dieu que j'aime,
Il faut un parfait dénûment,
Je quitte tout, jusqu'à moi-même,
Pour Jésus au Saint-Sacrement.

Si mon époux veut la souffrance,
Par amour, ne m'épargnez pas ;
Car, pour avoir sa jouissance,
Je veux souffrir jusqu'au trépas.

Pourquoi me cacher votre face,
Puisque je ne veux plus que vous ?
Hélas ! que faut-il que je fasse,
Éloignée d'un objet si doux ?

Coupez, brûlez, c'est ce que j'aime ;
Contentez-vous à mes dépens.
Si ma douleur devient extrême,
L'amour allége mon tourment.

Il est une fournaise ardente,
Qui brûle sans se consumer.
Ah ! combien je serais contente
De m'y pouvoir toute abîmer !

Le cœur pur qui vous sert de couche,
Combien goûte-t-il de douceurs !
Mais le cœur souillé qui vous touche,
Ne trouve en vous que des rigueurs.

Pour calmer la sainte justice,
Jésus s'immole chaque jour ;
Pour nous délivrer du supplice,
Il fait ce prodige d'amour.

L'âme pure y trouve la vie,
Le pécheur y trouve la mort.
Tous deux, avec la même hostie,
Éprouvent un différent sort.

Amour du ciel et de la terre,
Venez, pénétrez dans mon cœur,
Ah ! qu'il devienne un beau parterre,
Tout rempli de fruits et de fleurs.

Je suis une biche harassée
Qui cherche l'onde avec ardeur.
La main du chasseur m'a blessée ;
Son dard m'a percée jusqu'au cœur.

Souffrir, aimer, c'est mon délice,
Je ne veux plus d'autre plaisir ;
Le plaisir même est un supplice,
Et la souffrance est mon désir.

Je veux tout souffrir sans rien craindre,
Mépris, douleur, peine et travaux.
Quand on aime, peut-on se plaindre ?
L'amour adoucit tous les maux.

Perdez-moi dans vous, ô ma source,
Comme une goutte d'eau dans la mer !
Aimer et mourir sans ressource...
Et tout le reste m'est amer (1).

En laissant de côté la forme pour ne nous occuper que du sentiment qui anime ces vers, ne sentons-nous pas comme une flamme brûlante pénétrer dans nos cœurs, et les ravir en Dieu? c'est cette flamme d'amour dont la bienheureuse était sans cesse consumée.

Celle qui écrivait à la mère de Saumaise, « toutes « les plus grandes amertumes ne sont que douceur « dans cet adorable Cœur où tout est changé en or; » celle qui avouait « ne pouvoir aimer personne qu'à « la condition qu'on aimerait le Cœur de Jésus ; » cette douce et intime confidente du Sauveur, après un tel succès obtenu, se croyait néanmoins un obstacle à l'extension du nouveau culte. « Il me sem- « ble, écrit-elle, que c'est par mes infidélités que « j'attire toutes les calamités que je vois ar- « river (2). »

Du reste, tout contribuait à l'accroissement de la gloire du divin Cœur. La mère de Saumaise obtint

(1) *Recueil des écrits de la vénérable mère Marguerite-Marie.*
(2) *Id.* Lettre à la mère de Saumaise.

cette année même (1686) après un minutieux examen des supérieurs ecclésiastiques, l'autorisation de
rendre un culte solennel au Sacré-Cœur dans l'É-
glise de la Visitation de Dijon, et d'y faire imprimer
un petit livre contenant un office, des litanies et
une oraison réparatrice.

D'un autre côté, les œuvres du père de la Colombière, en se répandant, propageaient une dévotion
dont il racontait des choses si admirables.

Déjà le divin Cœur était adoré et béni publiquement en bien des endroits; la maison de Paray-le-
Monial, où il eût dû être le plus vite honoré, s'é-
tait laissé dépasser par plusieurs communautés,
suivant la prédiction de Marguerite-Marie.

Mais les religieuses de ce couvent avaient hâte de
réparer leurs doutes injurieux. La nouvelle chapelle fut érigée en fort peu de temps, et la bienheureuse eut la consolation de la voir élevée avant de
mourir; sa prédiction devait néanmoins s'accomplir : le diocèse d'Autun, d'où dépend la Visitation
de Paray, ne l'approuva qu'après la mort de Marguerite-Marie.

Du moins, elle pourra désormais laisser débor-
der les sentiments de son âme, et parler sans cesse
de l'admirable Cœur. « Je ne puis m'en taire, s'é-

« criait-elle; je ne saurais écrire une lettre si je n'en
« parle. » Puis la voilà peignant en traits de feu les
avantages accordés à ceux qui se livrent entièrement à ses puissants attraits. Il faut lire la lettre
qu'elle écrivit à ce sujet à l'un de ses directeurs : « Que ne puis-je raconter tout ce que je
« sais de cette aimable dévotion, et découvrir à
« toute la terre les trésors de grâce que Jésus-Christ
« renferme dans ce Cœur adorable, et qu'il a des-
« sein de répandre avec profusion sur tous ceux
« qui la pratiqueront! je vous en conjure, mon
« révérend Père, n'oubliez rien pour l'inspirer à
« tout le monde. Jésus-Christ m'a fait connaître
« d'une manière à n'en pouvoir douter que c'est
« principalement par le moyen des Pères de la
« compagnie de Jésus, qu'il voulait établir partout
« cette solide dévotion; et, par elle, se faire un
« nombre infini de serviteurs fidèles, de parfaits
« amis, et d'enfants parfaitement reconnaissants.
« Les trésors de bénédictions et de grâce que ce
« Sacré-Cœur renferme sont infinis; je ne sache
« pas qu'il n'y ait nul exercice de dévotion dans la
« vie spirituelle qui soit plus propre à élever en peu
« de temps une âme à la plus haute perfection, et
« à lui faire goûter les véritables douceurs qu'on

« trouve au service de Jésus-Christ...... Faites en
« sorte, surtout, que les personnes religieuses l'em-
« brassent ; car elles en retireront tant de secours
« qu'il ne faudrait point d'autre moyen pour réta-
« blir la prèmiere ferveur et la plus exacte régula-
« rité dans les communautés les moins bien ré-
« glées, et pour porter au comble de la perfection
« celles qui vivent dans la plus grande régularité.

« Mon divin Sauveur m'a fait entendre que ceux
« qui travaillent au salut des âmes, auront l'art de
« toucher les cœurs les plus endurcis, et travaille-
« ront avec un succès merveilleux, s'ils sont péné-
« trés eux-mêmes d'une tendre dévotion à son divin
« Cœur.

« Pour les personnes séculières elles trouveront,
« par le moyen de cette aimable dévotion, tous les
« secours nécessaires à leur état, c'est-à-dire, la
« paix dans leurs familles, le soulagement dans
« leurs travaux, les bénédictions du ciel dans toutes
« leurs entreprises, la consolation dans leurs mi-
« sères; et c'est dans ce Sacré-Cœur qu'elles trouve-
« ront un lieu de refuge pendant toute leur vie, et
« principalement à l'heure de la mort. Ah! qu'il est
« doux de mourir après avoir eu une constante

« dévotion au Sacré Cœur de Celui qui doit nous « juger (1) ! »

Elle conseillait aussi de faire une neuvaine de communions pendant les neuf premiers vendredis de chaque mois, pour obtenir la grâce d'une bonne mort.

Ainsi croissait chaque jour son amour, sa tendre dévotion au Sacré-Cœur.

V

Règle de conduite que donne le père Rolin à Marguerite - Marie. — Elle fait le vœu d'embrasser toujours ce qu'elle croira le plus parfait.

Ce fut en cette année 1686 que le Père Rolin, pour rassurer entièrement la fidèle épouse du Sauveur, lui donna par écrit la règle suivante que nous croyons devoir insérer pour l'édification de nos lecteurs. Le Père débute ainsi :

« Vous trouverez ici, ma chère sœur, la solution « des principales questions que vous m'avez faites « pendant le cours de l'année. Je ferai mes répon- « ses devant Notre-Seigneur, selon que les deman- « des que vous m'avez faites se présenteront à mon « esprit. Je crois que vous pourrez vous en tenir à

(1) Lettre de la bienheureuse à l'un de ses directeurs.

8

« tout ce que je vais vous dire pour le reste de votre
« vie... »

Il continue :

« 1° J'ai assez vu et connu vos misères, en même
« temps que les miséricordes de Dieu à votre égard.
« Je sais quelle est votre disposition. Demeurez en
« paix ; ne vous tourmentez pas de cette pensée que
« vous êtes une hypocrite : on ne l'est pas, si on ne
« le veut. Je ne connais pas que vous le vouliez ; ainsi
« soyez en repos sur cet article. Mettez en pratique ce
« que vous dites, qu'il vous suffit d'aimer et de souf-
« frir en silence. Aimez l'esprit qui vous conduit.

« 2° Au sujet des lettres et du parloir, faites tout
« ce que votre supérieure vous dira : proposez-lui
« avec beaucoup d'indifférence vos pensées sur ces
« deux articles. Ne refusez aucun emploi dans la
« maison.

« 3° Ne vous mettez guère en peine de retenir ce
« que l'on dit : aimer et souffrir vous suffit.

« 4° Je ne veux plus de confession générale ; ne
« proposez pas même d'en faire à qui que ce soit.

« 5° J'approuve cet esprit de pénitence qui vous
« anime ; mais, en matière d'austérité, faites ce qu'on
« vous permettra, et rien de plus.

« 6° Ce n'est pas une marque de réprobation, de

« n'avoir jamais aucun mouvement de joie ni de
« douleur, si ce n'est ceux que le Saint-Esprit qui
« vous conduit vous inspire.

« 7° Quelque répugnance que vous sentiez à con-
« verser avec certaines personnes, ne faites rien
« paraître. Il faut vous surmonter quand la bien-
« séance vous y engage. Priez pour tout le monde.

« 8° N'attribuez pas à l'endurcissement la paix
« dont Notre-Seigneur vous fait jouir dans vos
« croix.

« 9° Faites-vous un plaisir en Notre-Seigneur
« lorsqu'on vous traite de visionnaire ; mais n'en
« donnez point d'occasion. Quand vous dites quel-
« que chose, dites simplement : Voilà ma pensée,
« peut-être que je me trompe.

« 10° Je ne désapprouve pas cette haine que vous
« avez pour votre corps, et ce plaisir que vous sen-
« tez à le voir périr est selon l'esprit de l'Évangile.
« Ne le traitez rudement que dépendamment de
« l'obéissance.

« 11° Il semble que vous craigniez de traiter fami-
« lièrement avec Notre-Seigneur. Sachez que c'est
« la manière de converser avec lui, qui lui est la
« plus agréable.

« 12° Quand, dans la lettre que je vous ai écrite,

« je vous parlais de vous justifier, la pensée que j'en
« avais prise ne venait pas de votre lettre ; vous ne
« m'en avez pas dit un mot.

« 13° Faites vos communions des vendredis au-
« tant de temps qu'on vous les permettra.

« 14° Pour les prières vocales, faites celles qui
« sont d'obligation. A l'égard des autres, il ne vous
« est pas nécessaire d'en faire. Suivez les attraits du
« saint amour.

« 15° Vous pourrez répondre avec obéissance aux
« lettres qu'on vous a écrites ; et dans les manières
« de vous expliquer, gardez l'avis que je vous donne
« dans ma neuvième réponse.

« 16° Gardez le papier que je vous envoie et le
« petit billet que j'y ai renfermé ; il ne vous sera
« pas inutile. Lisez-le quelquefois, surtout dans vos
« plus grandes souffrances.

« 17° J'approuve que vous fassiez le vœu que vous
« m'avez marqué : vous le ferez à la fin de la retraite
« que vous allez faire au premier jour ; mais sous
« ces conditions que, si dans la suite ce vœu vous
« causait du trouble, il ne subsisterait plus, et que
« vous en seriez entièrement déchargée ; et que vo-
« tre confesseur aura tout pouvoir sur ce vœu, pour
« l'expliquer s'il vous survient des doutes, ou même

« pour vous en dispenser, s'il le jugeait expédient
« pour la gloire de Dieu et pour votre bien. »

Ce vœu, dont parle le père Rolin, depuis longtemps la bienheureuse sollicitait la permission de
le faire ; mais la prudence de ses supérieurs s'y opposait. En effet, il ne s'agissait de rien moins que
de s'engager à faire toujours ce qu'elle croirait le
plus parfait. Son directeur, assuré désormais de la
grandeur des desseins de Dieu sur elle, n'hésita
plus. Elle le prononça la veille de la Toussaint 1686.
Nous le transcrirons en entier, comme l'une des
plus admirables manifestations des grâces que Dieu
fait à ceux qui se donnent à lui sans réserve.

« Vœu fait la veille de la Toussaint de l'année 1686, pour me lier, consacrer et immoler plus
étroitement, absolument et plus parfaitement au
Sacré Cœur de Jésus-Christ.

« 1° O mon unique amour, je tâcherai de vous
« tenir soumis et de vous assujettir tout ce qui est
« en moi, en faisant ce que je croirai être le plus
« parfait ou le plus glorieux à votre Sacré Cœur,
« auquel je promets de ne rien épargner de tout ce
« qui est en mon pouvoir, et de ne refuser au-
« cune souffrance pour le faire connaître, aimer
« et glorifier.

« 2º Je ne négligerai ni n'omettrai aucun de mes
« exercices, aucune des observances de mes règles, si-
« non par charité ou vraie nécessité, ou par obéis-
« sance, à laquelle je soumets toutes mes promesses.

« 3ºJe tâcherai de me faire un plaisir de voir les
« autres dans l'élévation, bien traités, aimés et es-
« timés, pensant que cela leur est dû, et non à moi,
« qui dois être tout anéantie dans le Cœur Sacré de
« Jésus-Christ, faisant ma gloire de bien porter ma
« croix, et d'y vivre pauvre, inconnue, méprisée, ne
« désirant paraître que pour être humiliée, mépri-
« sée et contrariée, quelque répugnance que la na-
« ture orgueilleuse y puisse sentir.

« 4º Je veux souffrir en silence sans me plaindre,
« quelque traitement que l'on me fasse ; n'éviter au-
« cune souffrance ni peine, soit de corps ou d'esprit,
« soit d'humiliation, ou mépris, ou contradictions ;
« ne me chercher ou procurer aucune consolation,
« aucun plaisir ou contentement que ceux de n'en
« point avoir en la vie. Lorsque la Providence m'en
« présentera, je les prendrai simplement, non pour
« le plaisir, auquel je renoncerai intérieurement,
« ne m'amusant point à penser si je me satisfais ou
« non, mais plutôt à aimer mon Souverain qui me
« donne ce plaisir.

« 5° Je ne me procurerai aucun soulagement que
« celui dont je croirai ne pouvoir absolument me
« passer, et que je demanderai dans la simplicité
« de nos constitutions. Ceci est pour m'affranchir
« de la peine continuelle que je sens, de trop flatter
« et de trop donner à mon corps, qui est mon plus
« cruel ennemi.

« 6° Je laisserai l'entière liberté à ma supérieure
« de disposer de moi comme bon lui semblera, ac-
« ceptant humblement et indifféremment les occu-
« pations que l'obéissance me donnera, malgré la
« répugnance effroyable que je sens d'aller au par-
« loir ou d'écrire des lettres, faisant désormais tout
« cela comme si j'y avais bien du plaisir.

« 7° Je m'abandonne totalement au Sacré Cœur
« de Notre-Seigneur Jésus-Christ pour me consoler
« ou m'affliger selon son bon plaisir, me contentant
« d'adhérer à toutes ses saintes opérations ou dis-
« positions, me regardant comme sa victime qui
« doit toujours être dans un continuel acte d'immo-
« lation ou de sacrifice, selon son bon plaisir, ne
« m'attachant à rien qu'à l'aimer et à le contenter
« en agissant et souffrant en silence.

« 8° Je ne m'informerai jamais des fautes du
« prochain; et, lorsque je serai obligée d'en parler,

« je le ferai dans la charité du Cœur Sacré de Notre-
« Seigneur Jésus-Christ, en me demandant si je
« serais bien aise qu'on me fît ou que l'on dît cela
« de moi ; et, lorsque je verrai commettre quelque
« faute, j'offrirai au Père éternel une vertu contraire
« du Cœur Sacré de Jésus pour la réparer.

« 9° Je regarderai tous ceux qui m'affligeront ou
« qui parleront mal de moi comme mes meilleurs
« amis, et je tâcherai de leur rendre tous les servi ·
« ces et tout le bien que je pourrai.

« 10° Je tâcherai de ne point parler de moi, ou que
« ce soit en peu de mots ; et non jamais, s'il se peut,
« pour me louer ou justifier.

« 11° Je ne chercherai jamais l'amitié d'aucune
« créature, à moins que le Sacré Cœur de Jésus-
« Christ ne m'y invite pour la porter à son amour.

« 12° Je ferai une continuelle attention de confor-
« mer et de soumettre en tout ma volonté à celle de
« mon Souverain.

« 13° Je ne m'arrêterai point volontairement à
« aucune pensée mauvaise ni inutile ; je me regar-
« derai comme une pauvresse dans la maison de
« Dieu, qui doit être soumise à toutes, à qui l'on
« donne par charité ; je penserai que j'ai toujours
« trop.

« 14° Tant que je le pourrai, je ne ferai ni plus
« ni moins par le respect humain, ou par vaine
« complaisance des créatures.

« 15° Comme j'ai demandé à Notre-Seigneur de ne
« rien laisser paraître en moi de ses grâces extraor-
« dinaires que ce qui m'attirera le plus de mépris,
« de confusion et d'humiliation devant les créatures,
« aussi tiendrai-je à grand bonheur quand tout ce
« que je dirai ou ferai sera méprisé ou blâmé ; je
« tâcherai de tout souffrir pour l'amour de Notre-
« Seigneur Jésus-Christ, et dans ses saintes inten-
« tions, auxquelles je m'unirai en tout.

« 16° Je ferai attention à rendre mes actions et
« mes paroles glorieuses à Dieu, édifiantes au pro-
« chain et salutaires à mon âme, en me rendant
« fidèlement constante à la pratique du bien que
« mon divin Maître me fait connaître désirer de
« moi, évitant, si je le peux, toute faute volontaire,
« et n'en laissant passer aucune sans m'en venger
« sur moi par quelque pénitence.

« 17° Je me rendrai attentive à n'accorder à la na-
« ture que ce que je ne pourrai légitimement lui re-
« fuser sans me rendre singulière, ce que je veux
« fuir en tout. Enfin, je veux vivre sans choix, ne

8.

« tenir à rien, dire à tout événement : *Fiat voluntas*
« *tua.*

« Dans la multitude de ces choses, je me suis sen-
« tie saisie d'une si grande crainte d'y manquer, que
« je n'aurais pas eu le courage de m'y engager, si
« je n'avais été fortifiée et rassurée par ces paroles
« qui me furent dites dans le plus intime de mon
« cœur : *Que crains-tu, puisque je réponds pour toi,*
« *et me suis rendu ta caution? L'unité de mon amour*
« *te tiendra lieu d'attention dans la multiplicité de*
« *toutes ces choses : je te promets qu'il réparera les fau-*
« *tes que tu pourrais y commettre, en te portant à les*
« *expier par des mortifications et des austérités.*

« Ces paroles me donnèrent une confiance et une
« assurance si grande que, malgré ma grande fra-
« gilité, je ne crains plus rien, ayant mis ma con-
« fiance en Celui qui peut tout, et duquel j'espère
« tout, n'espérant rien de moi. »

Que pourrions-nous ajouter ici? de telles résolutions prises et accomplies à la lettre par une simple femme, donnent la mesure de l'héroïsme auquel
peut atteindre un cœur animé de l'amour divin.

VI

Hommages rendus à la vertu de Marguerite-Marie. — Prédictions
de la bienheureuse. — Guérison miraculeuse de son frère.

La réputation de sainteté de la fidèle servante de
Dieu commençait à se répandre. Ce n'était plus par
les opprobres ou les humiliations que Notre-Seigneur allait éprouver son épouse. Une croix plus
lourde, — la croix du respect et de l'admiration, —
allait lui être imposée. On venait la consulter, se recommander à ses prières, lui demander la guérison
des malades. On l'appelait continuellement au parloir, on lui adressait de louangeuses paroles, plus
difficiles à supporter pour elle que les plus sanglantes
injures. L'esprit de charité qui la guidait, lui faisait
un devoir de ne se refuser à rien de ce qui pouvait
être un motif de consolations ou de progrès dans la
vertu pour ceux qui s'adressaient à elle.

La bienheureuse se faisait tout à tous et puisait
dans le Cœur adorable du divin Maître les conseils et
les encouragements qu'elle donnait. Notre-Seigneur, en l'honorant de ses faveurs intimes, l'avait
douée d'une lumière admirable pour le discernement des esprits, en sorte qu'elle lisait souvent au

fond des cœurs les pensées les plus cachées, et
qu'elle prédisait à l'avance certains événements.
Dans l'impossibilité de raconter tous les faits qui se
rattachent à cette prescience, nous nous bornerons
à rapporter ceux qui nous semblent offrir le plus
d'intérêt.

Parmi les religieuses de la Visitation, l'une d'elles,
inquiète de son frère, officier des gardes du roi,
avait demandé à Marguerite-Marie de prier Dieu
pour lui. Celle-ci la rassura, et lui dit que son
frère recevrait au moment de la mort une grâce
particulière de Dieu.

Quelque temps après, il fut blessé mortellement à
la tête d'un coup de feu, au siége de Landau. Suivant le dire des chirurgiens, il devait mourir sur-le-
champ ; mais, contrairement à toute règle ordinaire,
il vécut deux jours encore, et put recevoir les derniers sacrements en pleine connaissance, dans les
plus pieuses dispositions.

Trois jeunes sœurs, nièces d'un saint prêtre,
avaient été mises en pension au couvent de Paray-
le-Monial. Leurs parents espéraient que toutes trois
se consacreraient à Dieu, et que leurs trois frères
trouveraient par là même le moyen de faire leur
chemin dans le monde. « Toutes trois se marieront,

dit Marguerite-Marie; toutes trois hériteront des biens de la maison. »

Rien ne semblait devoir autoriser une si étrange prédiction, qui, néanmoins, s'accomplit à la lettre. Les jeunes personnes se marièrent, et leurs frères étant morts en peu d'années, elles devinrent héritières de leur fortune.

Une religieuse se troublait beaucoup lorsqu'elle s'approchait des sacrements. Elle se recommande aux prières de Marguerite-Marie, sans lui dire le motif de cette demande; peu de jours après la bienheureuse lui adresse ces paroles : *L'Esprit qui me conduit me presse de vous dire que vos craintes déplaisent à Notre-Seigneur, parce qu'il veut de vous plus d'amour et de confiance; surtout ne vous éloignez pas de la sainte communion.*

La religieuse obéit et trouva la paix du cœur.

Mais, en s'occupant avec tant de zèle de consoler et d'éclairer les âmes, Marguerite-Marie ne négligeait pas sa famille. Un jour elle est appelée au parloir pour y recevoir l'un de ses frères, Chrysostome Alacoque, maire perpétuel de Bois-Sainte-Marie, le même qui, après la mort de sa sœur, comparut au procès de béatification en 1715, et rendit un admirable témoignage en faveur de ses vertus. Il l'attendait donc au parloir avec sa jeune femme, assez mondaine, laquelle, attirée par la réputation de la religieuse, avait manifesté un vif désir de la connaître.

Après quelques paroles pleines d'onction que lui adressa notre sainte, madame Alacoque, touchée de la grâce, se met soudain à fondre en larmes. Son mari, fort étonné, l'en reprend d'abord avec une certaine vivacité. *Laissez-la pleurer*, dit Marguerite-Marie, *ce sont de bonnes larmes.* M. Alacoque comprit qu'il devait se retirer.

D'où proviennent ces larmes, ma sœur? Puis-je vous consoler? — Oui, vous le pouvez. — Et comment? — En demandant à Dieu mon salut, à quelque prix que ce soit. — Y avez-vous bien pensé? — Oui, ma sœur. — Je demanderai donc à Dieu votre salut comme le mien, dit la bienheureuse d'un air inspiré. *Mais Dieu me fait connaître qu'il vous coûtera cher.*» Et sa belle-sœur, sous l'inspiration de la grâce, s'écrie : « N'importe. Je me soumets entièrement à sa vo- « lonté (1). »

Cependant, monsieur Alacoque, inquiet d'avoir laissé sa femme en proie à une telle agitation, revint quelques heures après. La religieuse, le

(1) *Vie de la vénérable mère Marguerite-Marie,* par Mgr Languet.

visage rayonnant d'une joie céleste, lui raconte avec simplicité ce qui s'est passé :

Prenez patience, ajoute-t-elle, *et demandez bien cette vertu à Dieu.*

Le ton avec lequel Marguerite-Marie avait prononcé ces paroles avait porté dans l'âme de son frère un trouble inconnu, une vague terreur. Il n'osa en demander davantage, et retourna avec sa femme à Bois-Sainte-Marie.

Peu de jours après, madame Alacoque est atteinte à la tête et au visage de douleurs si aiguës qu'elle jette des cris involontaires et continuels. En vain vingt-quatre médecins sont appelés successivement ; tous sont forcés d'avouer qu'ils ne comprennent rien à ce mal étrange. Les crises étaient épouvantables ; l'infortunée n'avait de repos ni le jour ni la nuit ; elle implorait en vain avec gémissements et larmes quelque trêve à ses atroces souffrances. Conduite par son mari aux eaux de Vichy et de Bourbon, elle sent son mal s'irriter encore. La science des médecins de ces villes échoue comme celle de leurs collègues.

Un instant, M. Alacoque conçoit quelque espérance. Les docteurs et les chimistes de Lyon étaient alors en grande réputation. Il leur conduit sa femme. Le mal résiste à tout ; et M. Alacoque, furieux contre toute la Faculté, finit par se prendre de querelle avec les médecins, et par les traiter d'ignorants.

Pendant cette année d'épreuves, que faisait notre bienheureuse ?... Elle priait et faisait prier toute la communauté, non pas seulement pour obtenir la guérison de sa belle-sœur, mais surtout pour que Dieu lui accordât, ainsi qu'à son mari, *la patience et le détachement des choses de la terre.* Elle cherchait à leur faire comprendre qu'ils fatigueraient inutilement Dieu de neuvaines tant qu'ils ne s'abandonneraient pas avec une confiance toute filiale à son adorable volonté.

« C'est en vain que vous cherchez des remèdes
« humains, leur écrit-elle ; ils ne serviront de rien,
« car qui peut aller contre la volonté de Dieu, la-
« quelle s'accomplira toujours, bon gré, mal gré que
« nous en ayons ? Pour le dire, en un mot, cette
« pauvre malade a, dans son mal, son salut ren-
« fermé ; elle en est comme l'arbitre, pour en bien
« ou mal user, sans qu'elle doive s'informer s'il doit
« durer peu ou longtemps. Qu'elle laisse cela dans
« le secret de Dieu, auquel il faut qu'elle fasse le
« sacrifice de sa vie, pour la lui rendre quand il lui

« plaira. C'est à quoi je l'exhorte de tout mon
« cœur et avec larmes, parce que Dieu lui a donné
« cette maladie comme une marque de son amour
« qui veut la sauver ; aussi ne pourrait-il lui donner
« de plus grandes marques de sa colère que de la
« guérir. Lorsqu'il s'agit du salut, il faut tout faire et
« tout souffrir, tout sacrifier et tout abandonner... »

Et plus loin : « Qu'elle se souvienne que la
« dernière fois que je la vis, elle me dit de de-
« mander à Dieu son salut, à quelque prix que ce
« fût : or, maintenant, il n'est plus temps de se ré-
« tracter. Mais, mon cher frère, encore que Dieu
« veuille nous sauver, il veut que nous y contri-
« buions de notre part, autrement il ne fera rien :
« c'est pourquoi il faut se résigner à souffrir. Voici
« le temps d'une semence fructueuse pour l'éter-
« nité, où la moisson sera abondante. Ne perdez pas
« courage ; ces peines souffertes avec patience va-
« lent mille fois mieux que toute autre austérité :
« voilà ce que Dieu demande de vous. »

Enfin, les exhortations de Marguerite-Marie rani-
ment la ferveur de la malade. De nouveau, elle demande *à Dieu son salut à quelque prix que ce soit ;*
elle lui offre son sacrifice ; elle accepte avec résignation les souffrances éphémères qui doivent lui ou-

vrir le ciel ; elle s'abandonne entièrement à l'adorable volonté de Dieu ; et le bon Maître, qui n'attendait que cette offrande, l'appelle à Lui le lendemain même de cet acte héroïque. Elle meurt dans les sentiments de la plus grande piété.

Marguerite-Marie ne négligeait aucune occasion de faire honorer le Sacré Cœur. Un de ses autres frères, curé dans la même petite ville de Bois-Sainte-Marie, en fut, grâce à une circonstance miraculeuse, l'un des premiers adorateurs. Il était tombé dangereusement malade vers la fin de l'année 1686. Tandis que M. Alacoque envoyait à la hâte un exprès à sa sœur pour réclamer le secours de ses prières, l'état du malade devint si grave, qu'il perdit à la fois le mouvement et le sentiment.

Marguerite-Marie, en apprenant la position de son frère, se met aussitôt en prières, puis revient près du messager, et lui remet un billet qui contenait une invocation au Sacré Cœur, en lui disant de faire tremper ce billet dans une boisson que l'on ferait ensuite prendre au malade. Elle assura, en même temps, qu'en agissant ainsi il ne mourrait point.

Sa prédiction s'accomplit : la guérison fut instantanée. Dès son rétablissement, le bon prêtre se consacra au culte du divin Cœur, et à le faire con-

naître et pratiquer. Sous la conduite de sa sœur,
qu'il aimait à consulter, il mena la vie la plus édifiante. Peu après cette guérison miraculeuse (22 janvier 1687) Marguerite-Marie lui écrivait :

« Vive Jésus!

« Ce m'est une douce consolation, mon très-cher
« frère, de ce que la bonté du Sacré Cœur de Notre-
« Seigneur Jésus-Christ daigne bien accorder sa
« volonté avec celle que nous avions de vous gar-
« der encore un peu ici-bas, dans ce lieu de misères
« et de larmes, où il faut confesser avec l'Apôtre
« que tout est vanité et affliction d'esprit, hors d'ai-
« mer et servir Dieu seul. C'est ce que je lui ai pro-
« mis que vous feriez, s'il vous laissait encore quel-
« que temps de vie; car, voyez-vous, mon cher
« frère, j'ai bien fait des promesses au Sacré Cœur
« de Notre-Seigneur pour la pouvoir obtenir.

« Voici donc tout simplement à quoi je vous ai
« obligé, suivant la liberté que vous m'en donnez,
« et pour accomplir ce que je crois que Notre-
« Seigneur veut de vous, sur l'assurance de quelque
« personne fort gratifiée des dons de Dieu, et qui
« vous affectionne beaucoup (1). Demandant donc à

(1) Qui ne reconnaît ici la bienheureuse, qui se cache sous
le voile de l'humilité?

« Notre-Seigneur de vous donner encore quelques
« années de vie, si c'était sa volonté, pour pouvoir
« effectuer les bons désirs qu'il vous donne d'être à
« lui, en lui consacrant tous les moments de votre
« vie, en ne vous employant plus qu'à son service,
« selon la pureté et la sainteté que demande votre
« ministère, il sembla à cette personne qu'on lui re-
« pondit : « Oui, je te l'accorde, à cette condition que
« tu me proposes; et je voudrais en faire un saint;
« mais il faut absolument retrancher trois choses.

« La première, l'attache aux choses terrestres, et
« surtout l'amour sensuel du plaisir des sens, où est
« compris le jeu. La seconde, toute superfluité aux
« habits, et en tout ce qui regarde votre personne; et,
« si vous avez quelques épargnes, les donner aux
« pauvres. Enfin, ne vous mêler des choses du monde
« que le moins possible, ne vous laissant aller à au-
« cune promptitude volontaire. Tout cela a été pro-
« mis au Sacré Cœur de Jésus-Christ pour vous, si
« vous voulez bien y donner votre consentement et
« tout consacrer à ce Cœur adorable pour lui ren-
« dre et prouver tout l'amour, l'honneur et la gloire
« qui seront en votre pouvoir, tant par vous-même
« que par ceux qui seront à votre charge. »

Et plus loin... « Aimez-le donc, si vous voulez

« que je vous aime; car je ne veux aimer que ce
« qu'il aime. Ah! si vous pouviez comprendre
« comme il fait bon l'aimer et être aimé de lui! car
« je crois que nul ne périra de ceux qui lui sont
« particulièrement dévoués et consacrés (1). »

Quelque temps après, elle lui dit la joie qu'elle
ressent de la dévotion qu'il témoigne au Cœur
adorable de Notre-Seigneur : « Vive Jésus! Vous
« ne pouviez me donner une plus sensible joie, mon
« très-cher frère, qu'en me témoignant le zèle dont
« l'adorable Jésus vous anime à l'aimer et à le faire
« connaître, aimer et honorer, en tâchant d'établir
« de tout votre pouvoir le règne de son pur amour
« dans les âmes...

« C'est maintenant que je ne peux plus douter de
« la sainte union que son pur amour a faite dans
« nos cœurs, puisqu'il vous a donné un saint désir
« que je n'avais jamais osé vous proposer...

« Que de consolations pour moi, de vous voir si
« libéral envers cet aimable Cœur de Jésus, il me
« semble que c'est une forte preuve qu'il veut en-
« tièrement détacher le vôtre des choses de la terre,
« parce qu'il veut que vous soyez saint!... Il vous
« en coûtera, il est vrai, de la part de la nature qui

(1) *Recueil des écrits et lettres de la bienheureuse.*

« craint sa propre destruction; et tout cela fait souf-
« frir; mais, hélas! la pourrait-on faire mourir sans
« souffrir beaucoup, puisque tout s'y oppose en
« nous? Car nos passions se révoltent continuelle-
« ment, ce qui nous fait souvent tomber: il ne faut
« pas nous troubler pour cela, ni nous laisser abat-
« tre ou décourager, mais nous faire violence en
« tirant profit de nos propres chutes pour nous ani-
« mer au combat par l'exemple des saints qui ont
« senti des faiblesses comme nous. Il nous faut donc,
« comme· eux, combattre nous-mêmes jusqu'à la
« fin, et mourir les armes à la main; car la cou-
« ronne n'est donnée qu'aux victorieux. Vous voyez
« bien, mon cher frère, que je n'entends pas par là
« vous inviter à de grandes austérités, mais à mor-
« tifier vos passions, à détacher votre cœur et à le
« vider de toutes les choses terrestres; à être chari-
« table envers le prochain, libéral à l'égard des pau-
« vres ; à ne regarder que Dieu en tout ce que vous
« faites et à le chercher en simplicité, pureté et hu-
« milité de cœur, ne cherchant qu'à lui plaire et en
« lui attribuant la gloire de tout, sans vous soucier
« d'acquérir aucune estime ni réputation parmi les
« créatures. Ah! mon cher frère, faisons que notre
« vie ne déshonore pas la sainte vocation à laquelle

« nous sommes appelés, qui demande que nous vi-
« vions d'une vie tout angélique. Vous voyez la li-
« berté que me donne notre sainte union, de vous
« dire sans façon ce qui me vient en pensée, sachant
« qu'une véritable amitié dans le Sacré Cœur excuse
« tout (1). »

Notre-Seigneur rendait au centuple à sa fidèle servante ce qu'elle s'efforçait de faire pour lui. Son
simple attouchement opérait une guérison miraculeuse. Une sœur converse s'était blessée à la jambe,
en coupant du bois. Après avoir gardé plusieurs semaines cette plaie cachée, elle recourut à Dieu.
Animée d'une foi vive, elle fit toucher sa jambe au
bas de la robe de la sainte sans que celle-ci s'en
aperçût; et, lorsqu'elle voulut la remercier de sa
guérison, Marguerite-Marie la supplia de n'en parler à personne.

Mais plus elle s'humiliait, plus redoublait la vénération à son égard. On commençait à se disputer
ce qui lui avait servi; on gardait de ses cheveux
comme des reliques. Le temps des persécutions
était passé. Déjà l'immortalité attachée à la sainteté, la couronnait de sa glorieuse auréole.

(1) *Écrits et lettres de la bienheureuse.*

VII

Marguerite-Marie est nommée assistante. — Ses adieux aux novices. — Notre-Seigneur lui fait connaître la manière dont elle
peut s'assurer que c'est lui qui la guide.

La bienheureuse, appelée par la mère Melin à
l'office d'assistante (1687), allait quitter ses chères
novices. Toutes, réunies autour d'elle, répandaient
d'abondantes larmes à la pensée de ne plus être sous
sa direction immédiate. Elle-même, fort émue, mais
toujours soumise à l'ordre de ses supérieures, ne
voulut point s'en séparer sans leur donner de
pieux conseils pour honorer le Cœur de Jésus, auquel elle les confiait avec une tendre effusion : « Pour
« dernier adieu, mes chères sœurs, leur dit-elle par
« écrit, c'est de toute l'affection dont je suis capable
« que je vous conjure pour tout l'amour que vous
« portez à Jésus-Christ, de lui être constamment fi-
« dèles, en lui gardant inviolablement les promes-
« ses que vous lui avez faites. Ne faites rien qui
« puisse lui déplaire, ne négligez rien de ce que
« vous croirez lui être agréable, afin que vous ne le
« contraigniez pas à borner ses desseins sur vous et
« à retenir les grâces qu'il voudrait vous faire, si
« vous les détourniez par votre ingratitude. Ce me

« serait un tourment insupportable, car il n'y en a
« aucun que je ne fusse prête à souffrir pour vous
« procurer d'être toutes au Cœur Sacré de Notre-
« Seigneur Jésus, et qu'il règne dans les vôtres. C'est
« pour cela que je vous remets à ses soins et à son
« amoureuse conduite. Je vous prie de vous y aban-
« donner entièrement, en vous disant souvent à vous-
« même : Puisque ce divin Cœur est à moi, que
« peut-il me manquer ? Si je suis tout à lui, qui
« pourrait me nuire ? Faites de votre cœur un ora-
« toire pour y adorer et aimer le Cœur du di-
« vin époux. Vous y entrerez trois fois le jour. Le
« matin, pour rendre vos hommages d'adoration et
« de sacrifice à cet adorable Cœur, comme à votre
« souverain et à votre libérateur ; vous lui consa-
« crerez tout ce que vous ferez et souffrirez, comme
« aussi toutes les parties de votre être, pour ne vous
« en servir que pour l'aimer, le glorifier et l'hono-
« rer ; vous lui offrirez tout ce que vous ferez à ces
« saintes intentions, renonçant à tout ce qui leur
« sera contraire.

« A midi, vous y rentrerez pour lui rendre des
« hommages d'amour et de demande : vous lui dé-
« couvrirez votre pauvreté, votre nécessité, et toutes

« les plaies de votre âme, comme à celui qui en est
« le souverain remède.

« Le soir, vous y entrerez de nouveau, pour lui
« rendre vos hommages de reconnaissance et de
« remercîment de tous ses bienfaits ; vous lui de-
« manderez pardon avec une vive douleur de toutes
« vos ingratitudes ; vous formerez une ferme résolu-
« tion de mourir plutôt que de retomber dans vos
« infidélités.

« Vous ferez comme une couronne de toutes
« les pratiques que vous aurez faites pendant le
« jour, vous la lui offrirez pour adoucir toutes les
« piqûres qu'il a reçues des épines de vos péchés ;
« vous le supplierez de réparer le mal que vous au-
« rez fait, par le bien qu'il a fait en vous. Pour
« prendre ensuite votre repos en assurance, vous
« entrerez dans le sanctuaire du Cœur amoureux de
« Jésus, vous vous y renfermerez avec la clef d'une
« tendre confiance et d'un abandon entier à ses
« soins.

« Lorsque vous vous sentirez agitée et troublée
« de quelque crainte, vous direz à votre âme : Que
« crains-tu ? tu portes le Cœur de Jésus et son
« amour. C'est le trésor, la force et les délices du ciel

« et de la terre (1). » Dans les occasions de souffrances, dites :

« Je veux tout souffrir sans me plaindre
« Le Cœur de mon Jésus m'empêche de rien craindre. »

« Lorsque vous voudrez faire oraison, entrez
« dans le Cœur de Jésus comme dans un désert sa-
« cré, vous y trouverez de quoi rendre à Dieu tout
« ce que vous lui devez, en offrant l'oraison de No-
« tre-Seigneur Jésus-Christ pour suppléer à la vô-
« tre. Vous aimerez Dieu de l'amour de ce divin
« Cœur ; vous l'adorerez par ses adorations ; vous
« le louerez par ses louanges, vous opérerez par
« ses opérations, et vous ne voudrez rien que par
« ses volontés.

« Si vous êtes fidèles à ce divin Cœur, il vous sera
« une source de tout bien ; mais si, au contraire, vous
« l'abandonnez par vos ingratitudes, il deviendra
« comme insensible pour vous.

« Adieu, mes chères sœurs, soyons toutes au
« bien-aimé de nos âmes, donnons-lui tout notre
« cœur, tout notre amour, toutes nos affections.
« Je vous souhaite le pur amour de ce divin Cœur,

(1) *Vie de la vénérable mère Marguerite-Marie*, par Mgr Languet.

« je souhaite qu'il vous consume de ses plus vives
« flammes. Souvenez-vous que c'est à lui que vous
« avez fait tant de promesses. Il ne peut être moqué.
« Constance inviolable à mettre en pratique vos pro-
« messes, quoi qu'il vous en coûte. Plus d'affection
« pour les créatures ni pour vous-mêmes, mais
« toutes pour ce divin Cœur dans lequel je vous ai
« toutes réunies ? »

S'il est impossible de rester froid à une telle lecture, quelle impression ne dut-elle pas faire sur les
novices, qui recevaient ces instructions écrites de la
main d'une maîtresse chérie et respectée dont elles
avaient été à même d'admirer les vertus.

Ce fut pour le noviciat comme le testament de
l'humble Marguerite-Marie. La ferveur s'accrut chaque jour sous l'impulsion qu'elle avait donnée.
L'exactitude à la règle, l'esprit de sacrifice et de
mortification, l'amour des souffrances, succédèrent
au relâchement et aux imperfections qui avaient
commencé à se manifester dans le monastère de
Paray. Sous les feux brûlants du Cœur de Jésus s'é-
panouirent, comme des violettes embaumées, les vertus modestes qui croissent dans le silence du cloître.

Pour elle, d'autant plus humble qu'on cherchait
à l'élever aux yeux des hommes, elle restait dans la

pratique constante de cette règle difficile dont nous avons fait entrevoir la perfection : *ne rien demander, ne rien refuser.* Pour la rassurer entièrement sur les doutes qui pouvaient encore déchirer son âme, le divin Maître voulut bien lui expliquer lui-même comment elle pourrait reconnaître les mouvements de son esprit. Elle s'exprime ainsi (1) :

« 1° Il m'a dit que ses grâces et ses faveurs se- « ront toujours accompagnées en moi de quelque « humiliation ou mortification de la part des créa- « tures;

« 2° Qu'après avoir reçu quelques-unes de ces « communications divines dont mon âme est si in- « digne, je me sentirai plongée dans un abîme d'a- « néantissement et de confusion intérieure qui me « fera sentir autant de douleurs à la vue de mon « indignité que j'aurai eu de consolations par les « libéralités de mon Sauveur, étouffant ainsi toute « vaine complaisance et tout sentiment de ma pro- « pre estime.

« 3° Que ces grâces et communications, soit « pour moi, soit pour les autres, ne produiront « jamais le moindre sentiment de mépris pour « qui que ce soit, et que, quelque connaissance

(1) Copie fidèle d'un mémoire de la bienheureuse.

« qu'il me donne de l'intérieur des autres, je ne les
« estimerai pas moins, malgré leurs misères ; mais
« que tout cela ne me porterait qu'à des senti-
« ments de compassion, et à prier instamment
« pour eux.

 « 4° Il m'a ajouté que ces grâces, quelque extraor-
« dinaires qu'elles fussent, ne m'empêcheraient ja-
« mais d'observer les règles, et d'obéir aveuglé-
« ment : mon divin Sauveur m'ayant fait connaître
« qu'il les avait tellement soumises à l'obéissance
« que, si je venais à m'en éloigner tant soit peu, il
« se retirerait de moi avec toutes ses faveurs.

 « Enfin, que cet esprit qui me conduit et qui règne
« en moi avec tant d'empire, me porterait à cinq
« choses.

 « 1° A aimer d'un amour extrême mon Sauveur
« Jésus-Christ.

 « 2° A obéir parfaitement à son exemple.

 « 3° A souffrir sans cesse pour son amour.

 « 4° A vouloir souffrir sans qu'on s'aperçoive, s'il
« se peut, que je souffre.

 5° A avoir une soif insatiable de communier, et
« d'être devant le Saint-Sacrement.

 « Il me semble que les grâces que j'ai reçues jusqu'ici ont produit en moi ces effets. »

Ces derniers mots résument les intentions héroïques de la bienheureuse. Semblables à ces fils élec-
triques qui transmettent instantanément la pensée
d'un pôle à l'autre, ils nous dévoilent les secrets intimes de celle qui ne vécut que pour la souffrance,
l'obéissance et l'amour.

VIII

Visite du R. P. Croiset à la bienheureuse. — Propagation du culte du Sacré-Cœur.

Parmi les visites que la réputation de sainteté de
Marguerite-Marie lui attirait, il importe de men-
tionner expressément celle du Père Croiset, régent
de la compagnie de Jésus au collége de Lyon, lequel
devait avoir une si grande part dans la propagation
du culte du Sacré-Cœur.

Désireux de s'entretenir avec une personne si
favorisée de Dieu, il vint exprès de Lyon avec le
Père de Villette, pour la voir. Appelée au parloir, elle
y paraît avec une si grande réserve, un maintien si
humble, une parole si rare, malgré les nombreuses
questions que lui adressent les Pères, qu'ils ne sa-
vent plus qu'en penser ; après avoir en vain cherché
à lui faire rendre compte de quelques-unes des

communications admirables dont ils avaient entendu parler, ils la quittent fort mécontents.

Ce n'était pas sans motif que Marguerite-Marie les accueillait ainsi. Elle avait compris que la curiosité entrait dans leur démarche : elle voulait que la seule gloire de Dieu les guidât.

Quel qu'eût été leur désappointement, ils se sentirent pressés de retourner le lendemain séparément au parloir. Marguerite-Marie n'était plus la même. Elle leur parla avec une onction admirable, et les laissa convaincus de la vérité de l'esprit qui la conduisait.

A partir de ce premier entretien, la bienheureuse écrivit souvent au père Croiset, qui devint un de ses confidents et des directeurs de son âme. Elle l'initia à la nouvelle dévotion, et l'engagea vivement à écrire quelque chose en l'honneur du Sacré-Cœur.

Ce grand serviteur de Dieu lui avait souvent répondu que le temps lui manquait pour entreprendre une œuvre aussi difficile dans les circonstances présentes. Un incident tout à fait imprévu l'y obligea.

Lyon, la ville catholique par excellence, où tant d'œuvres pieuses ont pris naissance ou développement, s'arrachait les rares exemplaires du petit traité du nouveau culte. On en faisait des copies que l'on se passait de main en main. Les élèves du père Croiset étaient des plus zélés à faire ces copies. Le religieux, pour les y encourager davantage encore, leur parla du divin Cœur dans l'effusion de sa piété et de sa foi. Les jeunes gens furent tellement touchés de ses entretiens sur ce sujet, qu'ils le conjurèrent de les mettre par écrit, et de les joindre à leurs copies, afin d'en faire une nouvelle édition.

Dans leur ferveur, deux d'entre les élèves s'engagent à en supporter les frais, et se disputent ce bonheur. Un artisan, non moins dévoué, apprend cette lutte admirable; il accourt : « Révérend Père, dit-il, laissez-moi l'honneur de faire connaître et aimer le Cœur adorable du Sauveur. Je me charge de toute la dépense nécessaire, trop heureux si vous voulez bien m'y autoriser. »

Profondément touché, le religieux n'hésita plus. Il prépare cette édition tant désirée; mais il n'en dit rien à la bienheureuse. Dieu allait disposer les événements de telle sorte que la mort de celle qu'il avait choisie pour confidente de son Cœur devait assurer le triomphe du nouveau culte.

La mort !... Oui, l'exil allait finir; la terre de la céleste Patrie apparaissait enfin à l'humble voya-

9.

geuse ; le ciel allait s'ouvrir, et donner entrée à une nouvelle élue. Ce cœur si doux et si embrasé allait se perdre dans le Cœur glorieux du divin Maître.

Heureuse Marguerite-Marie ! Il a donc enfin paru ce jour, où toutes les souffrances vont se changer en ineffables joies. Cette couronne d'épines, cette croix d'humiliations et d'opprobres, ces pieuses larmes, ces luttes héroïques de mortification et de charité, cette vie inconnue, persécutée, toutes ces amertumes et ces déchirements de cœur, toutes ces angoisses et ces désolations intérieures ;... tout est passé, tout a changé, tout est devenu triomphe, bonheur, félicité suprême, joies éternelles et inénarrables, ravissement, perpétuelle extase !

Vous avez semé dans les larmes : vous recueillez dans l'allégresse. Vous avez suivi Jésus dans sa douloureuse Passion. Vous jouissez de Lui dans sa gloire. Il est à Vous. Vous êtes à Lui pour toujours, toujours ! C'est maintenant que nous comprenons ces paroles du divin Maître : « Heureux les pauvres ! heureux les simples ! heureux les doux ! heureux les cœurs purs ! heureux ceux qui souffrent persécution pour a justice ! »

Mais, avant de vous voir briser vos liens terrestres pour vous envoler vers les demeures éternelles, laissez-nous, ô chère sainte (1), laissez-nous retracer une fois encore quelques-unes de vos admirables vertus. Nous en formerons comme une guirlande mystique que nous déposerons à l'autel du Sacré-Cœur.

Oui, c'est dans le Cœur adorable du Sauveur, que prirent naissance ces fleurs au doux et suave parfum que Marguerite-Marie cueillit au milieu des épines. C'est là, c'est en reposant sur la poitrine du divin Maître, en écoutant ses enseignements, en aimant et en souffrant, qu'elle parvint à l'héroïsme des vertus que nous honorons en elle. C'est là qu'elle apprit l'*humilité :* « Apprenez de moi que je suis doux et hum-« ble de cœur — ; » l'*obéissance :* « Il fut obéissant, et « obéissant jusqu'à la mort de la Croix ; » — la *chasteté :* « Voici l'Époux qui vient, allez au-devant de « lui ; » — le *détachement :* « Si vous voulez être par-fait, allez, vendez ce que vous avez, et le donnez aux pauvres ; » — l'*abandon à la volonté de Dieu :* « Que votre sainte volonté se fasse, ô mon Dieu, et non la mienne ; » — l'*amour de la Croix :* « Prenez votre croix, et suivez-moi ; » — l'*amour des ennemis :* « Aimez vos ennemis ; faites du bien à ceux qui vous

(1) En nous servant de ce mot, nous respectons toujours les décisions de la sainte Église.

haïssent ; » — la *mortification :* « Je fais toujours la
« volonté de mon Père, qui est dans les cieux; » —
l'*amour de Dieu :* « Je suis venu apporter le feu sur la
terre, et que veux-je, sinon qu'il s'allume ? »
— la *charité qui se dévoue :* « Voilà ce Cœur qui
a tant aimé les hommes ! » — Et Marguerite-
Marie, fidèle aux exemples et aux enseignements de
Notre-Seigneur, les yeux sans cesse fixés sur Jésus
souffrant, l'oreille toujours attentive à ses divines
paroles, cherchait, autant que le peut une faible
femme, à retracer en tout les vertus dont il est le
modèle et le Maître.

Le docteur angélique, saint Thomas d'Aquin, confessait avoir puisé toute sa science au pied du Crucifix. Marguerite leva les yeux jusqu'au Cœur de
Jésus-Christ, percé d'une lance, couronné d'épines,
enflammé d'amour; et, recueillant avec une tendre
piété l'eau et le sang qui jaillissaient du divin côté,
elle y porta avec ardeur ses lèvres toujours altérées
d'une soif inextinguible de souffrances, et en recueillit avec une telle abondance les effusions divines,
qu'elle aurait pu s'écrier : « Ce n'est plus mon cœur
qui vit et bat dans ma poitrine ; c'est le Cœur de
Jésus qui vit et bat en moi. »

IX

Marguerite-Marie obtient du Sauveur de n'être point nommée supérieure. — Elle se prépare à la mort par une retraite de quarante jours. — Sa mort.

1690! année bénie, où Marguerite-Marie, brisant les chaînes de la captivité, allait s'élancer dans l'éternelle Patrie ; année douce à toute âme chrétienne, mais surtout aux pieuses filles de l'Ordre de la Visitation, puisqu'elle fut celle de la naissance au ciel d'une de leurs sœurs bien-aimées. Suivons pas à pas, avec un pieux respect, les dernières démarches de la sainte sur la terre ; recueillons avidement ses moindres paroles... Ainsi, près de nous voir séparés à jamais de ceux que nous aimons, nous voudrions retenir les heures et les minutes qui, en s'écoulant avec rapidité, nous rapprochent de l'éternelle séparation ; nous prêtons une oreille attentive à leurs derniers adieux, à leurs suprêmes recommandations ; et, lorsque le souffle glacé de la mort a éteint la flamme vacillante de la vie, longtemps encore nous croyons entendre cette voix aimée qui nous encourageait et nous soutenait dans le bien.

Marguerite-Marie était maintenant tellement chérie de ses compagnes, que la plupart songeaient à l'élire supérieure en remplacement de la mère Melin, dont le temps était expiré.

Le jeudi saint de cette année 1690, la bienheureuse voit apparaître Notre-Seigneur, qui lui présente une Croix. Elle la saisit avec empressement, offre son sacrifice, avant même de savoir ce dont il s'agit.

Mais, peu après, nous l'entendons s'écrier : *Est-il possible, Seigneur, que vous permettiez qu'une créature comme moi soit à la tête d'une communauté ? Je vous demande en grâce d'éloigner cette Croix. Je me soumets à toute autre.*

En effet, l'humble assistante ne pouvait se résigner à commander, elle qui savait si parfaitement obéir.

Le Sauveur voulut bien écouter ce cri d'humilité : la mère Catherine-Antoinette de Lévi Chateaumoraud fut élue. Dans son ardent désir d'être la plus petite et la plus oubliée des religieuses de la communauté, Marguerite-Marie profita de cette circonstance pour supplier la nouvelle supérieure de la décharger des fonctions d'assistante.

Le soir, Notre-Seigneur lui apparaît : « *Eh quoi !* lui dit-il, *je me suis rendu à ta volonté et, pour l'amour de moi, tu ne te feras pas violence !*

Pénétrée de douleur à la pensée d'avoir déplu au

divin Maître, Marguerite-Marie court demander pardon à la supérieure, et lui dire qu'elle ferait tout ce qu'elle voudrait. Elle fut maintenue dans sa charge, qu'elle conserva jusqu'à la mort.

Plus elle sentait approcher le terme de sa vie, plus aussi elle brûlait intérieurement du feu divin.

Sa confiance dans le Cœur adorable de Jésus augmentait chaque jour. C'était à Lui qu'elle remettait ses plus chers désirs; c'était vers lui qu'elle cherchait à diriger les affections des personnes qui lui demandaient conseil. Le 27 mai, elle écrivait à la sœur Félix de la Bare, religieuse à la Visitation de Moulins : « Sur la peine que vous sentez d'une « vie languissante au service de Dieu, voici ce que « je crois devoir vous dire : Ne point vous en trou- « bler, mais vous unir en tout ce que vous ferez au « Sacré Cœur de Jésus; au commencement, pour « vous servir de disposition, et à la fin, pour satis- « faction. Si, par exemple, vous ne pouvez rien faire « à l'oraison, contentez-vous d'offrir celle que ce « divin Sauveur fait pour vous au très-saint Sacre- « ment de l'autel; offrez ses ardeurs pour réparer « toutes vos tiédeurs, et dites, dans chacune de vos « actions : Mon Dieu, je vais faire ou souffrir cela « dans le Sacré Cœur de votre divin Fils, et selon ses

« saintes intentions que je vous offre pour réparer
« tout ce qu'il y a d'impur et d'imparfait dans les
« miennes ; et ainsi de tout le reste. Et lorsqu'il vous
« arrivera quelque peine, affliction ou mortifica-
« tion, dites-vous à vous-même : Prends ce que le
« Sacré Cœur de Jésus t'envoie pour t'unir à lui, et
« tâche surtout de conserver la paix du cœur qui
« vaut plus que tous les trésors imaginables. Le
« moyen de la conserver, c'est de n'avoir plus de vo-
« lonté, mais de mettre celle du divin Cœur en place
« de la nôtre pour lui laisser vouloir pour nous tout
« ce qui lui sera le plus glorieux, nous contentant
« de nous soumettre et de nous abandonner. En
« un mot, cet aimable Cœur suppléera à tout ce qui
« pourra manquer de votre part, car il aimera Dieu
« pour vous, et vous l'aimerez en lui et pour lui.

« Mais n'en dis-je pas trop ? Ce n'est que pour sa-
« tisfaire votre humilité, puisque la perfection ne
« consiste, comme dit notre saint Fondateur, qu'à
« peu parler, peu penser, mais beaucoup faire et
« souffrir pour Dieu..... »

Et plus loin :

« Vous me demandez la cause de ce silence de
« trois semaines. Je ne puis vous en donner d'autre,
« si ce n'est que je me trouvais entièrement impuis-

« sante à pouvoir seulement former une parole
« que l'on eût pu entendre quoique je me fisse de
« grandes violences pour cela, à cause de la charge
« où je suis ; mais à Dieu ne plaise que je me fusse
« rendue singulière en voulant faire plus de retraite
« que les autres, qui n'en avaient que dix jours.
« Vous me demandez ce que je faisais dans ce si-
« lence. Ah ! je n'ai qu'une seule affaire, qui est
« d'aimer, de m'oublier et de m'anéantir, et cette
« affaire me paraît si grande, que jamais je n'ai
« assez de temps pour m'en occuper. Aimons-le
« donc, cet unique Époux de nos âmes ; mais ai-
« mons-le dans toutes choses et par-dessus tout,
« sans goût, sans sentiments ni plaisir ; dans la souf-
« france et la désolation, comme dans la jouissance
« des consolations. Et ne me dites point que vous
« n'avez point d'amour : je vous dis que si, que
« vous l'aimez ; mais, vous avez trop de crainte, ce
« qui déplaît à Dieu, car il veut de vous une amou-
« reuse confiance. »

Cette confiance, qu'elle ranimait dans l'âme de
ses pieuses compagnes, elle en ressentait enfin la
douceur. Aux combats intérieurs, aux luttes, aux
angoisses, aux ténèbres profondes, avaient succédé une paix ineffable, un abandon total à la vo-

lonté de Dieu, une union parfaite avec Jésus-Christ.

Certaines terres privilégiées annoncent leur présence au navigateur, par les émanations délicieuses qu'elles exhalent. Ainsi, les parfums de l'éternelle Patrie embaumaient la bienheureuse, à mesure qu'elle en approchait. Toujours humble, étonnée de ce calme et de cette céleste quiétude, elle écrit à son directeur : « Je ne sais, « mon révérend Père, ce que je dois penser de l'état « où je me trouve présentement. J'ai eu jusqu'à trois « désirs si ardents que je les regardais comme trois « tyrans, qui me faisaient souffrir un continuel « martyre, sans me laisser un seul instant de repos. « Ces trois désirs étaient d'aimer parfaitement mon « Dieu, de souffrir beaucoup pour son amour, et de « mourir dans cet ardent amour et par l'ardeur de « cet amour. Mais, à présent, je me trouve dans je ne « sais quelle tranquillité de cœur et dans une ces- « sation de désirs qui m'étonnent. Je crains que cette « prétendue paix ne soit un effet de cette insensibi- « lité où Dieu laisse quelquefois les âmes infidèles, « et j'ai peur que par mes grandes infidélités à ses « grâces, je ne me sois attiré cet état, qui peut être « une espèce de réprobation et d'abandon; car je « vous avoue que je ne puis plus rien vouloir ni

« désirer en ce monde, quoique je voie bien qu'en
« matière de vertu tout me manque. Je voudrais
« quelquefois m'en affliger, mais je ne le puis
« n'étant plus en mon pouvoir, pour ainsi dire, d'a-
« gir. Je sens seulement un parfait acquiescement
« au bon plaisir de Dieu, et un plaisir ineffable à
« souffrir. La pensée qui me console de temps en
« temps, c'est que le Sacré Cœur de Notre-Seigneur
« Jésus-Christ fera tout pour moi, et je le laisse
« faire. Il voudra, il aimera, il désirera pour moi, il
« suppléera à tous mes défauts (1). »

Je mourrai assurément cette année, disait-elle confi-
demment à une sœur qu'elle estimait beaucoup, *pour
ne point empêcher les grands fruits que mon divin Sauveur prétend tirer d'un livre de dévotion au Sacré Cœur
de Jésus que le père Croiset fera imprimer plus tôt* (2). »

Ce livre était celui dont nous avons fait mention.
Elle devait en ignorer jusqu'à l'existence, puisque
aucune des circonstances qui avaient amené le Père
à l'écrire, ne lui étaient connues. Mais une lumière
surnaturelle le lui avait révélé. Elle croyait être
un obstacle à sa publication! Elle l'était en effet

---

(1) Lettre citée dans l'*Abrégé de la vie de la bienheureuse*, par
le père Croiset.
(2) *Vie de la mère Marguerite-Marie*, par Mgr Languet.

dans un sens, mais non pas dans celui qu'elle lui
donnait. De son vivant, il eût été impossible de dé-
voiler les prodiges du Cœur de Jésus en sa faveur.

Dans la pensée toujours présente de sa mort pro-
chaine, Marguerite-Marie demande et obtient la
permission de faire une retraite extraordinaire de
quarante jours.

Elle la commence le jour anniversaire de sa naissance, où l'Église célèbre la fête de sainte Madeleine.
Nous ne pouvons douter qu'avec les humbles sentiments dont elle était toujours pénétrée, elle ne se
crût une aussi grande pécheresse que le fut l'admirable pénitente de l'Évangile.

Là, refugiée dans le Cœur de Jésus, avec la très-
sainte Vierge pour mère, saint Joseph et saint François de Sales pour protecteurs, elle repasse sa vie
tout entière ; elle s'abîme à la vue des miséricordes
de Dieu pour elle, des résistances qu'elle opposa à
la grâce, des fautes qu'elle pense avoir commises, et
s'écrie : « Comment donc, mon âme, peux-tu sentir
« une si grande joie à l'approche de la mort ? Tu ne
« penses qu'à finir ton exil, et tu es transportée en te
« figurant que tu sortiras bientôt de ta prison. Mais,
« hélas! prends garde que, d'une joie temporelle
« qui ne vient peut-être que d'aveuglement et d'i-

« gnorance, tu ne te plonges dans une éternelle tris-
« tesse, et que de cette prison mortelle et périssable,
« tu ne tombes dans ces cachots éternels où il n'y a
« plus lieu d'espérer. Laissons donc, ô mon âme,
« cette joie et ces désirs de mourir aux âmes saintes
« et ferventes pour lesquelles de grandes récompen-
« ses sont préparées ; pour nous dont les œuvres ne
« nous laisseraient rien espérer que des châtiments,
« si Dieu n'était bon à notre égard encore plus qu'il
« n'est juste, pensons quel sera notre sort.

« Pourras-tu, ô mon âme, supporter pendant une
« éternité l'absence de celui dont la jouissance te
« donne de si ardents désirs, et dont la privation
« te fait sentir de si cruelles peines ?

« Mon Dieu, que ce compte m'est difficile à faire,
« puisque j'ai perdu mon temps, et que je ne sais
« comment le réparer ! »

A ces sentiments de crainte succède bientôt la
confiance. « O mon Sauveur, qui suis-je pour m'a-
« voir attendue si longtemps à pénitence, moi, qui
« me suis exposée mille fois à être abîmée dans l'en-
« fer par l'excès de ma malice ? Autant de fois vous
« m'en avez empêchée par votre bonté excessive.
« Continuez donc, mon aimable Sauveur, à l'exer-
« cer sur un sujet si misérable. Vous voyez que j'ac-

« cepte de bon cœur toutes les peines et les suppli-
« ces qu'il vous plaira de me faire souffrir en cette
« vie et en l'autre. J'ai tant de douleur de vous avoir
« offensé, que je voudrais avoir souffert toutes les
« peines dues au péché dès que j'ai commencé à pé-
« cher, pour me servir de préservatif, plutôt que de
« vous avoir offensé tant de fois...

« Ne me privez pas, ô mon Dieu, de vous aimer
« éternellement ; faites au reste de moi ce qui vous
« plaira. Je vous dis tout ce que j'ai, tout ce que je
« suis. Tout ce que je puis faire de bien ne saurait
« réparer la moindre de mes fautes que vous-même.
« Je suis insolvable, vous le voyez bien, mon divin
« Maître. Mettez-moi en prison, j'y consens, pourvu
« que ce soit dans votre Cœur Sacré ; et quand j'y se-
« rai, tenez-moi là bien captive, liée des chaînes de
« votre amour, jusqu'à ce que je vous aie payé tout
« ce que je vous dois.

« Et comme je ne le pourrais jamais, aussi sou-
« haité-je de ne jamais en sortir (1). »

Ainsi, tour à tour anéantie au souvenir de ses
fautes, consolée par l'espérance chrétienne, ranimée
par la pensée des ineffables miséricordes de Dieu,

(1) *Vie de la vénérable mère Marguerite-Marie*, par Mgr Languet.

dilatée par l'amour, elle aime, elle adore, elle se tait, elle bénit, elle tremble, elle espère, elle redoute et désire le moment suprême où elle verra face à face et sans voiles, son Créateur, son Rédempteur et son Juge. Elle languit; — et pourquoi le laisser ignorer? ceux qui aiment, comprendront, — elle languit d'amour pour l'Époux divin. Elle est en proie à ce mal délicieux que nous pourrions appeler la céleste nostalgie.

Quelque souffrante qu'elle fût, elle désire s'unir de même à la retraite annuelle en usage dans la communauté au mois d'octobre.

Elle s'y prépare. Mais la veille du jour fixé, elle est atteinte d'une petite fièvre, qui, en ce premier accès, ne semble annoncer rien de grave.

Cependant l'une des sœurs, demandant à Marguerite-Marie si elle espère pouvoir entrer de même en retraite : *Oui*, dit-elle avec un air doux, *mais ce sera pour la grande retraite.*

Le lendemain, sa faiblesse est si grande, qu'on l'oblige à se mettre au lit, et à recevoir la visite du médecin. Il ne reconnaît aucun danger dans l'état de la malade. Témoin depuis de longues années de ses souffrances quotidiennes et de ses guérisons miraculeuses, il disait souvent, que *ses infirmités étant* causées par l'amour divin, la médecine n'avait pas de remède à cette maladie. Il rassure les religieuses. Mais Marguerite-Marie, attirant auprès d'elle la sœur Claude-Rosalie de Farge, qu'elle avait dirigée pendant son noviciat, lui dit tout bas : *Ce sera entre vos bras que j'expirerai.*

— Oh ! ma mère, s'écrie la jeune religieuse avec effroi, n'exigez pas de moi un tel service. Jamais je ne le pourrai.

— *Vous le pourrez, ma fille, et vous n'en aurez aucune frayeur.*

La sœur Rosalie, fort attristée, rapporte l'entretien qu'elle vient d'avoir avec la mère assistante. La Communauté tout entière s'émeut. Habituées à voir se réaliser les prédictions de Marguerite-Marie, les religieuses osent à peine conserver quelque espoir.

Le médecin, appelé de nouveau, persiste à dire qu'il n'y a aucun danger. Il prescrit cependant les remèdes nécessaires que la malade accepte avec sa douceur ordinaire, *sans rien demander, sans rien refuser.*

Ses souffrances augmentent. Marguerite-Marie ne laisse échapper aucune plainte ; mais une des sœurs qui la gardent s'en aperçoit, et lui offre quelque soulagement : *Merci, ma fille : tous les moments qui me restent à vivre sont trop précieux pour n'en pas profi-*

ter ; à la vérité je souffre beaucoup, mais pas assez pour contenter mon désir. Je serais si heureuse de vivre et de mourir sur la croix, que, quelque ardent que soit en moi le désir de jouir de mon Dieu, je consentirais volontiers à demeurer dans cet état de souffrance jusqu'au jour du jugement, si c'était le bon plaisir de Dieu.

En même temps, la pensée de la mort lui cause une telle joie qu'elle en modère avec peine les transports.

Ainsi que le Père de Ravignan le disait un siècle et demi plus tard, elle aurait pu s'écrier : « Ah ! quand « on est malade, on a de bons moments : on est plus « près du ciel. »

Cependant, la supérieure ne la croyait pas près de sa fin ; on ne songeait point à lui faire recevoir les derniers sacrements. Marguerite-Marie demande avec instance le saint Viatique. Elle ne peut obtenir cette faveur, mais comme elle était à jeun, on veut bien consentir à lui donner la sainte Communion. Elle reçoit son Dieu avec des élans infinis d'amour et de reconnaissance... elle est au ciel ! au — ciel !... et pourtant voici que la vue de la justice de Dieu vient soudain imprimer en son âme une extrême terreur. Elle tremble, elle frémit, elle se trouble, elle serre avec angoisses sur son cœur son crucifix ; elle l'inonde de ses larmes : *Miséricorde, mon Dieu*, s'écrie-t-elle, *miséricorde !*

Et, répondant à une religieuse qui lui demande le sujet de ses craintes : *La perte du temps, hélas! comment l'ai-je employé pour mon salut!*

Mais pourquoi se livrer ainsi à la crainte ? Le Cœur de Jésus repose sur le sien. — Il lui inspire, ce divin Cœur, un dernier acte d'humilité. Elle appelle une des sœurs dont elle estime les vertus, et lui dit : *Ma sœur, je vous prie d'écrire immédiatement au Père de brûler toutes mes lettres, et de me garder inviolablement le secret que je lui ai demandé.* »

La sœur infirmière ne promit rien, et lui rappela seulement que l'obéissance en cela comme en toute autre chose, devait être sa règle de conduite. A ce mot d'*obéissance*, Marguerite-Marie se tut, mais elle conserva au fond de son cœur cet humble désir qu'elle devait exprimer encore à sa supérieure quelques instants avant de mourir.

L'infirmière, qui la voyait si persuadée de sa fin, se recommande instamment à ses prières; elle la conjure, lorsqu'elle sera près de Dieu, de lui obtenir trois grâces particulières. La bienheureuse lui répond avec cette admirable foi qui caractérise les saints que, si Dieu lui fait miséricorde, elle ressentira l'effet de ses prières... — Dans la déposition que fit plus tard la sœur infirmière, elle affirma avoir éprouvé les effets sensibles de la protection de la vénérable mère sur les trois grâces qu'elle lui avait demandées.

La nuit avait passé. Le médecin, dans sa visite du matin, assure que Marguerite-Marie ne mourra point de cette maladie. *Vous le verrez*, répond-elle avec une ineffable sérénité.

Mourons et sacrifions tout, reprend-elle encore lorsque la mère supérieure lui dit avoir écrit pour prévenir sa famille; *je ne la verrai point.*

Et, peu après, on l'entend s'écrier à plusieurs reprises : *Que désiré-je au ciel ou sur la terre, si ce n'est vous, ô mon Dieu ! — Misericordias Domini in æternum cantabo.*

Mais une oppression douloureuse se déclare. Les infirmières la soulèvent sur son lit d'agonie, et la soutiennent. Un feu intérieur la consume. *Je brûle,* dit-elle, *je brûle. Hélas! si c'était l'amour divin, quelle consolation! mais je n'ai jamais su aimer Dieu parfaitement. Demandez-lui pardon pour moi, mes sœurs ; aimez-le de tout votre cœur pour réparer tous les moments où je ne l'ai pas fait.* Puis elle ajoute avec des transports inexprimables : *Quel bonheur d'aimer Dieu! ah! quel bonheur! aimez donc cet amour, mais aimez-le parfaitement.*

Ainsi s'écoulent les dernières heures de la sainte sur cette terre. La journée s'avançait : des faiblesses successives inquiètent la mère de Lévis, qui fait revenir le médecin. Il était cinq heures du soir ; les crises avaient passé. Marguerite-Marie paraissait beaucoup mieux. Il persiste à éloigner toute inquiétude, et, sur la demande de la malade de recevoir le saint Viatique, il conseille d'attendre au lendemain.

Alors, se tournant vers la sœur Rosalie de Farge qui la soutenait : *J'ai heureusement pris mes mesures,* dit-elle. *Je me doutais bien que l'on ne me croirait pas aussi mal; aussi, hier, j'ai communié en Viatique.*

Elle était si calme, que les religieuses crurent pouvoir la quitter pour aller aux exercices. La sœur Rosalie de Farge reste seule auprès d'elle. Des paroles d'amour s'échappent sans cesse de son cœur : *Ah! Seigneur, quand me retirerez-vous de ce lieu d'exil ? — Lœtatus sum in hisquæ dicta sunt mihi, in domum Domini ibimus. — Oui, j'espère que, par l'amour du Cœur de Jésus-Christ, nous irons dans la maison du Seigneur, et que ce sera bientôt.*

« Ma fille, ajoute-t-elle, lorsque vous me verrez à l'agonie, je vous prie de demander à notre Mère de venir m'assister, et de faire réciter auprès de mon lit les litanies du Cœur de Jésus, celles de la Sainte Vierge, d'invoquer pour moi mon ange gardien, saint Joseph et notre saint Fondateur. »

Elle achevait à peine ces mots; une convulsion commence l'agonie. On accourt, on se presse autour de la couche funèbre. La supérieure ordonne d'aller chercher le médecin : *Ma mère*, dit Marguerite-Marie, *je n'ai plus besoin que de Dieu seul, et de m'abîmer dans le Cœur de Jésus.*

Elle réunit une dernière fois ses forces pour obtenir la faveur que son humilité réclame, et conjure la mère de Lévis de ne jamais révéler les confidences intimes qu'elle lui avait faites et qui auraient pu être à son avantage ; elle la supplie de faire en sorte que l'on ne parlât d'elle dans l'Ordre de la Visitation que pour la recommander aux suffrages.

La gloire de Dieu demandait que ce vœu d'humilité ne fût point écouté ; mais cette dernière prière a sans doute mérité à la bienheureuse un degré de plus dans la gloire.

La communauté, à genoux près d'elle, fondait en

larmes. Elle recommande à ses sœurs bien-aimées d'être tout à Dieu sans partage, sans réserve; elle leur promet de ne point les oublier devant Lui. Alors, elle jette un regard de confiance et d'amour sur le crucifix, et demande l'Extrême-Onction...

Et, tandis que le prêtre imprime respectueusement les onctions sacrées sur ces membres victimes de la pénitence, elle prononce à plusieurs reprises les noms bénis de Jésus et de Marie.

La parole expire sur ses lèvres à la quatrième onction.

L'âme de l'humble religieuse brise son enveloppe mortelle, et prend son vol vers la céleste Patrie pour s'unir aux séraphins, *ses divins associés*, et célébrer à jamais la gloire et les miséricordes du Cœur de Jésus.

C'était le 17 octobre 1690, entre sept et huit heures du soir. Marguerite-Marie avait quarante-trois ans, deux mois et quelques jours.

En la touchant de son aile, la mort imprime sur les traits de la bienheureuse le cachet de l'immortalité. La sérénité de son doux visage inspire la vénération. On approche de ses dépouilles mortelles, sans éprouver le sentiment d'horreur qu'inspire souvent la vue d'un corps que la vie a quitté.

Les religieuses s'agenouillent près de leur sœur
chérie, sûres d'avoir désormais au ciel une puissante protectrice. La prédiction de la sainte s'était
accomplie. Elle avait expiré entre les bras de la
sœur Claude-Rosalie de Farge et entre ceux de sœur
Françoise-Rosalie Verchère, à laquelle cinq ans auparavant elle avait annoncé que cela serait ainsi. Ces
deux religieuses la soutenaient à son dernier soupir.

Déjà la ville est en larmes. « La sainte est morte !
la sainte est morte ! » On se précipite de grand matin vers l'église où le corps est déposé. Le peuple
envahit le lieu saint, se presse autour du cercueil
pour faire toucher des chapelets et des objets de
piété à ces dépouilles précieuses que la mort semble embellir d'un rayon céleste.

Ses funérailles furent un triomphe. Plusieurs fois
les cris du peuple interrompirent la cérémonie.
Larmes, prières, chants divins, invocations, gémissements, actions de grâces, accompagnèrent son
chaste corps jusqu'à l'un des angles du cloître où
il fut déposé. Marguerite-Marie, dans le silence de
la mort, semblait chercher encore l'oubli et l'obs-
curité. Son nom seul fut inscrit sur la modeste pierre
qui recouvrit ses dépouilles mortelles ; mais bientôt
ce nom allait se graver en caractères ineffaçables

dans le cœur de tous les adorateurs du Sacré Cœur de Jésus.

Les grands de la terre élèvent à leurs morts des mausolées de marbre où sont rappelés en lettres d'or les titres de noblesse et les actions d'éclat : c'est la vanité du néant et de la poussière. Si la vertu et la piété n'ont pas ennobli la vie de ces rois, de ces conquérants, de ces illustres savants ou de ces hardis spéculateurs, l'oubli s'attache à leur nom comme la mousse aux ruines abandonnées.

Ouvrez ce cercueil : vous n'y trouverez que pourriture et corruption.

Mais, ô puissance de la sainte humilité ! voici que cette pierre, cachée à l'ombre du cloître, sous laquelle repose le corps d'une pauvre fille qui n'eut d'autre soin que de se faire oublier, est couverte des témoignages les plus touchants de respect et d'amour. Fraîches couronnes, pieux emblèmes, ex-voto, cœurs d'or et d'argent suspendus aux murs qui l'environnent, tout annonce la reconnaissance et de pieuses espérances (1). Laissez s'écouler les mois, les

(1) Le caveau sépulcral se trouvait sous le chœur des religieuses. A droite et à gauche existaient des enfoncements de la dimension d'une bière. On y introduisait le cercueil, après avoir jeté un peu de chaux sur le corps pour prévenir les mauvaises exhalaisons, et on en murait l'entrée. Lorsque les tombes étaient

années et les siècles. A la voix de l'auguste Pontife, représentant de Notre-Seigneur Jésus-Christ, ces ossements sacrés sortiront resplendissants de l'humble tombe. On les placera en triomphe aux acclamations de l'élite de la grande société catholique, sur l'autel même où le divin Maître daigna manifester son Cœur adorable à sa fidèle servante, et les siècles à venir, en honorant le Sacré Cœur de Jésus-Christ, auront toujours un pieux souvenir pour celle qui en propagea la dévotion si consolante.

Et exaltavit humiles!

pleines, on enlevait le cercueil de celle qui avait été occupée la première, et ainsi de suite, à mesure que la mort faisait des victimes. Une exhumation eut lieu, et la pierre s'ouvrit pour recevoir la bienheureuse. (L'abbé Murillier : *Vie de la bienheureuse*, seconde partie.)

FIN DE LA TROISIÈME PARTIE.

10.

QUATRIÈME PARTIE

BÉATIFICATION DE MARGUERITE-MARIE

DE 1690 A 1865

I

Prédiction de la bienheureuse par rapport au Sacré-Cœur. — Propagation du culte du Sacré-Cœur. — Peste de Marseille. — Le Sacré-Cœur honoré dans le monde entier.

La bienheureuse avait prédit que « par un livre du révérend Père Croiset, jésuite, la dévotion au Sacré-Cœur de Jésus se reproduirait partout. » Cette prédiction ne tarda pas à s'accomplir. Désormais, rien ne s'opposait à ce que l'on révélât les merveilles que Dieu avait opérées en Marguerite-Marie. L'édition que préparait son directeur allait s'enrichir d'un abrégé des vertus de l'admirable religieuse et des communications ineffables dont le Sauveur l'avait favorisée. Ce fut en 1691, un an après sa mort, que parut l'opuscule destiné à jeter une si éclatante lumière sur le culte nouveau.

A partir de cette époque, il grandit chaque jour, malgré les contradictions qui s'attachent à ce qui vient du ciel. Les archevêques et les évêques l'approuvent ; le Saint-Siége accorde des indulgences nombreuses aux confréries qui s'établissent en l'honneur du Sacré-Cœur ; les images saintes se propagent ; des autels et des chapelles s'élèvent ; des fêtes solennelles se célèbrent.

Un fléau terrible vient soudain décimer les villes les plus florissantes du midi de la France.

La peste, ce grand châtiment que Dieu envoie à certaines heures pour ramener à Lui par la crainte ceux qu'il n'a pu vaincre par l'amour, la peste jette l'épouvante et la désolation en Provence. Marseille, surtout, n'est plus qu'un horrible cloaque où s'entassent des milliers de morts et de mourants. Il n'est plus de famille ; il n'est plus d'amis ! On se fuit, on s'évite ; les liens sacrés et doux de la tendresse et du devoir sont brisés. La mort est partout, avec son épouvantable agonie. A qui avoir recours, lorsque Dieu lui-même semble sourd aux cris de douleur de ses enfants ?...Larmes, gémissements, prières restent inutiles. Le règne de la miséricorde est-il

donc passé? N'y-a-t-il plus d'espoir, et cette anti-
que cité, si chère à toute âme catholique, est-elle
marquée au sceau de la réprobation?

O Cœur de Jésus, paraissez! manifestez votre
puissance et votre amour! Ouvrez-vous! recevez ces
infortunés qui, bientôt, vont crier vers vous : Grâce,
pitié!...

Le pieux évêque de Marseille, monseigneur de
Belzunce, resté à son poste d'honneur, cherche
dans ce Cœur adorable le salut de ses diocésains.
Le jour de la Toussaint, on vit le Prélat parcourir
pieds nus les rues de la cité, portant le Saint-Sacrement, suivi par une foule désolée qui implorait avec
larmes la miséricorde de Dieu. A genoux, les mains
jointes, la voix émue de confiance et de douleur, il
fit après la procession une consécration solennelle,
au Cœur de Jésus, du cœur de tous ses enfants...

Le fléau diminue chaque jour : Marseille est
sauvée!...

On le croit, du moins; la foi est si vive, l'amour
du Cœur de Jésus est si doux! Cependant, il faut
une épreuve encore, afin que le miracle paraisse
plus manifeste et plus grand.

Au mois de mai suivant (1722) le fléau se ranime.

On vit alors un spectacle admirable, sublime. Le

premier magistrat de Marseille, à la sollicitation de monseigneur de Belzunce, fit vœu, au nom de la ville, d'aller tous les ans avec le corps de la magistrature à l'église de la Visitation le jour de la fête du Sacré-Cœur de Jésus-Christ, d'y communier, d'offrir un flambeau de cire blanche du poids de quatre livres, et d'assister à la procession générale que l'évêque devait établir à perpétuité.

Ainsi s'abaissaient toutes les grandeurs de la terre devant le Cœur doux et humble du Sauveur !

A peine le vœu prononcé, la peste cessait de frapper aucune nouvelle victime, et tous ceux qui étaient atteints de cette épouvantable maladie guérissaient. Six semaines après, l'évêque de Marseille pouvait prononcer dans son mandement d'actions de grâces ces étonnantes paroles. « Nous jouissons « actuellement d'une santé si parfaite, que, ce qui est « sans exemple dans une ville aussi vaste et aussi « peuplée que l'est celle-ci, et ce qui tient du pro- « dige, nous n'avons presque plus dans Marseille « depuis quelque temps ni morts ni malades d'au- « cune sorte de maladie, non plus que dans les en- « virons (1). »

(1) *Vie de la vénérable mère Marguerite-Marie,* par Mgr Languet.

Alors, il n'est plus d'entraves. Le Cœur de Jésus est le Maître de l'univers catholique. Les villes se précipitent dans ce foyer des miséricordes ; des réparations et des fêtes solennelles sont instituées ; le Saint-Siége approuve cette consolante dévotion, le 6 février 1765, sous le pontificat de Clément XIII. La pieuse reine Marie de Leczyinska obtint de ce pontife qu'une fête en l'honneur du divin Cœur serait célébrée en France. Aidée par le roi Stanislas et par le Dauphin, elle fit élever dans la chapelle de Versailles et dans la cathédrale de Tours les deux premiers autels consacrés solennellement à cette belle dévotion (1).

Cette marche triomphante croît chaque jour. La France, l'Europe, l'Asie, les îles de l'Amérique, se font une gloire de réunir le cœur de leurs enfants dans celui du divin Maître.

Il appartenait au vénérable Pontife qui gouverne l'Église actuelle d'achever cette œuvre d'amour et de régénération, en rendant la fête du Sacré-Cœur obligatoire. Un décret du 23 août 1856 a comblé les vœux des évêques de France et ceux de toutes les âmes pieuses.

(1) La reine Marie de Leczinska, *Étude historique*, par Mme la comtesse D', née de Ségur.

Et maintenant, dans presque tous les monastères et toutes les églises du monde entier, nous voyons à l'endroit le plus apparent une chapelle où prient de nombreux fidèles. Au-dessus du tabernacle où réside le Saint des saints, est exposé un pieux emblème.

A genoux !

C'est le Cœur du divin Maître ; c'est le Consolateur des affligés, c'est le refuge des pauvres et des pé-cheurs ; c'est un abîme de paix et de miséricorde ; le salut des infirmes, l'espérance des mourants, les délices des saints ! C'est ce Cœur sur lequel il fut donné, après l'apôtre saint Jean, à une humble vierge de reposer avec d'ineffables délices.

A genoux ! expions, adorons, prions, et, prenant les sentiments du roi-martyr, disons-lui avec amour : « O Cœur adorable de mon Sauveur, que j'oublie « ma main droite, et que je m'oublie moi-même si « jamais j'oublie vos bienfaits et mes promesses ; si « je cesse de vous aimer et de mettre en vous toute « ma confiance et ma consolation. »

II

Vénération attachée à la mémoire de Marguerite-Marie. — Guérison miraculeuse de la sœur Claude-Angélique des Moulins. —
Information juridique. — Interruption. — La cour de Rome est
saisie de la cause. — Les reliques de Marguerite-Marie sont
rendues au monastère de Paray-le-Monial.

Vingt-trois ans avaient passé. La mémoire de Marguerite-Marie embaumait tellement le cloître où
elle avait vécu, que tous ceux qui l'avaient connue
la vénéraient comme une sainte. On l'invoquait, on
courait près de son tombeau, on parlait de miracles
obtenus par son intercession ; la confiance du peuple s'en augmentait continuellement.

Cependant jusqu'alors aucun miracle, sans doute,
n'avait été assez éclatant pour devenir le sujet d'une
information juridique. Le moment approchait où
Dieu allait manifester d'une manière plus frappante
la puissance de sa fidèle servante.

Sœur Claude-Angélique des Moulins, âgée de
dix-neuf ans, était religieuse à Paray-le-Monial. Dans
la dernière quinzaine du mois de novembre 1712, elle
fut atteinte d'une vive douleur d'entrailles, bientôt
suivie d'une paralysie complète de tout le côté droit ;
le bras et la jambe demeurèrent comme morts.

Quelques années après, une douloureuse contraction de la main et du pied, et des mouvements convulsifs dans le côté malade, vinrent ajouter à la gravité de sa position.

Les médecins la condamnent. En supposant même qu'elle guérisse de la paralysie, l'humeur se jettera sur la poitrine, et l'état en deviendra plus grave : telle est leur opinion.

On attend le printemps; on cesse les remèdes. La faiblesse de la sœur Angélique augmente; elle semble toucher à sa fin...

Le 17 février, l'une des sœurs lui propose de faire une neuvaine à la vénérable mère Marguerite-Marie.

La malade n'accepte pas; néanmoins comme la neuvaine est, malgré son refus, commencée auprès de son lit, elle s'y associe par pure déférence pour la supérieure, car elle manquait de confiance en l'intercession de la morte. On suspend à son cou quelques-unes de ses reliques. Elle se laisse faire; mais, à peine la supérieure est-elle partie, qu'elle ôte les reliques, et se refuse à se couvrir d'un vêtement qui avait touché la tombe de Marguerite-Marie.

Le lendemain matin, les religieuses l'entendent avec surprise demander le vêtement qu'elle avait refusé. C'est que, dans la nuit, des songes mystérieux l'avaient poursuivie; elle rêvait sans cesse qu'on la revêtait de ce vêtement, et qu'elle guérissait.

L'une des sœurs aquiesce à sa demande, et toutes se rendent à l'oraison.

Restée seule, la sœur Claude-Angélique prie avec ferveur. Elle sent que quelque chose d'extraordinaire se passe en elle. Tirant de son lit sa pauvre main percluse, elle se met à genoux; mais elle retombe troublée : sa jambe ne peut encore la soutenir... Un instant, elle perd la conscience de sa position.

Peu après entre une infirmière, qui lui demande en plaisantant si le miracle est fait. *Oui, il est fait,* dit la malade, car elle se sentait guérie entièrement; *et la preuve, c'est que je vais me lever tout à l'heure, et toute seule.*

Elle se lève, s'habille, marche sans soutien. Sur l'invitation de sa supérieure, elle descend à l'église pour y faire son action de grâces, et paraît tout le jour au parloir. Enfin, de cette main paralysée depuis trois ans, elle écrit à son père qu'elle est guérie, et soulève de lourds fardeaux.

Parmi les quatre médecins ou chirurgiens appelés pour constater la guérison, se trouvait un vieux docteur de la faculté de Montpellier. Il fit cette déclaration : *Je ne doute nullement que ce ne soit un vrai miracle. Je suis près de l'attester, quoique j'aie naturellement de la répugnance à en croire.*

Un chirurgien, calviniste converti depuis quelque temps au catholicisme, declara être obligé de se rendre à l'évidence, malgré *les préjugés qui, jusqu'alors, l'avaient rendu incrédule sur ces sortes d'événements.*

Ce miracle, rapporté par M. l'abbé Languet, le fidèle historiographe de la bienheureuse, qui nous a fourni tant de précieux documents, détermina en quelque sorte la procédure de la grande cause pendante jusqu'alors.

Peu après, ce digne prêtre, qui avait été nommé commissaire de l'information par monseigneur l'évêque d'Autun, fut appelé à l'évêché de Soissons. Il confia les pouvoirs qu'il avait reçus à cet effet au révérend Père dom Antoine de Bansière, prieur des Bénédictins à Paray.

Beaucoup de témoins oculaires des vertus héroïques de Marguerite-Marie vivaient encore. Le bénédictin entendit et reçut toutes les dépositions d'une grande quantité de personnes, recueillit les mémoires et écrits qui la concernaient, ainsi que les récits de personnages d'une haute autorité.

Plusieurs mois après, il adressa toutes ces preuves

à monseigneur l'évêque d'Autun , chargé de les examiner, et de les faire passer à Rome : c'était le premier acte de la procédure.

Plus d'un siècle s'écoula. Les pièces étaient restées dans les archives de l'évêché.

La grande tourmente philosophique et révolutionnaire avait porté le trouble dans l'Église de France, dans les esprits et dans les cœurs. La prudence, sans doute, avait empêché les évêques d'Autun de poursuivre l'œuvre de leur prédécesseur. C'est avec ces sages lenteurs que s'établissent et se posent les œuvres de Dieu. Un siècle, pour Lui, c'est une seconde pour nous; ou, plutôt, il n'est point de temps pour Celui qui a devant les yeux le passé, le présent et l'avenir.

1791 était arrivé avec ses épouvantes et ses impiétés. Le monastère de Paray-le-Monial ne devait pas être épargné par les hordes révolutionnaires. Il fallut fuir !

Parmi les religieuses forcées de quitter le saint asile, se trouvait la sœur Marie-Thérèse Petit, née à Paray même. Ce fut à elle que l'on confia les pieuses dépouilles de la mère Marguerite-Marie. Déjà, depuis 1730, elles reposaient dans une châsse vitrée. On leur avait épargné l'ignominie du charnier commun, où l'on déposait successivement les ossements des religieuses, après un temps donné.

Cette châsse fut emportée avec respect par la sœur Marie-Thérèse dans la maison de son père. Ce fut comme une sauvegarde pour cette demeure hospitalière, qui traversa heureusement les jours de la Terreur, et devint le refuge des prêtres persécutés s'y cachant jusqu'à des temps meilleurs.

Ils arrivèrent enfin, les jours d'espérance et de paix! Peu à peu les couvents ouvrirent de nouveau leurs portes, relevèrent leurs murs en ruines, et d'innocentes victimes purent s'offrir en expiation des crimes de leur malheureuse et coupable patrie.

En 1820, l'évêque d'Autun, monseigneur de Vichy, prend à cœur la grande cause de la glorification de la mère Marguerite-Marie. Il réunit les pièces déposées depuis un siècle à l'évêché, les accompagne d'autres pièces attestant la continuité des vertus et des miracles de la religieuse, et les adresse à la Congrégation des Rites. La cour de Rome donne au prélat les instructions nécessaires pour poursuivre cette œuvre d'édification.

M. l'abbé Circaud, vicaire général, se rend un an après à Paray, ouvre des séances publiques, reçoit les attestations des personnes guéries, des témoins

de ces miracles, recueille les témoignages, rédige
en latin un admirable rapport... Il meurt! Mais
l'œuvre si bien commencée ne s'arrêtera plus désormais sans être terminée à la gloire du Sacré-
Cœur et de la bienheureuse.

Le pape Léon XII signe le 30 mars 1824 le décret
qui décernait à Marguerite-Marie le titre de *vénérable*. La cause était désormais dans le domaine absolu du souverain Pontife : elle pouvait être entre-
prise, après deux enquêtes préliminaires qui eurent
lieu, l'une à Autun, l'autre à Rome.

Deux religieuses de l'ancien monastère restaient
encore à Paray, fidèles à leur poste comme deux
sentinelles d'honneur, toujours sous les armes, attendant l'heure si vivement désirée de reconstituer la
communauté dissoute. Plusieurs de leurs anciennes
compagnes, ayant perdu l'espoir qui les soutenait,
s'étaient réunies à la Visitation de la Charité-sur-
Loire, reconstituée en 1818 avec l'héritage de l'ancienne Visitation de Moulins-sur-Allier.

Elles obtinrent d'emporter quelques reliques de
Marguerite-Marie ; mais les autorités civiles de
Paray s'opposèrent à les mettre en possession de la
châsse qui fut scellée avec le sceau de la ville, et dé-
posée chez le curé de la paroisse, en attendant qu'elles

fussent couronnées du nimbe éclatant de la sainteté.

Mais un an avant la signature du décret pontifical dont nous avons fait mention plus haut (en juin 1823), monseigneur de Vichy, continuant l'œuvre de son prédécesseur, avait eu enfin le bonheur de reconstituer la communauté de Paray-le-Monial, et de replacer à l'ombre du sanctuaire les précieuses dépouilles de Marguerite-Marie. Ce fut comme la première aube du jour où elles devaient être solennellement honorées.

La sœur Marie-Thérèse Petit, en rentrant dans cet asile où s'étaient passées les plus heureuses journées de son existence, sentit ces joies mystérieuses que Dieu fait goûter aux âmes pures qu'il éprouva longtemps par la douleur et la souffrance.

Quelques années après, la bienheureuse devait prouver que, dans le ciel, les saints aiment la reconnaissance et la pratiquent.

III

Enquêtes. — Guérison miraculeuse de la sœur Marie-Thérèse Petit. — Congrégations convoquées. — L'héroïcité des vertus de Marguerite-Marie est reconnue. — Approbation des miracles. — Décret.

Les enquêtes préliminaires et minutieuses qui sui-

virent l'introduction de la cause par le pape Léon XII
durèrent plus de trois ans. Le 22 septembre 1827
seulement, un rescrit favorable déclara que la dévotion envers Marguerite-Marie n'avait point jusqu'a-
lors revêtu les caractères essentiels du culte public;
un décret pontifical déclara en outre que ses écrits
ne contenaient rien de contraire à la théologie (1).

Ce double procès, nous l'avons dit, s'était in-
formé simultanément à Autun et à Rome. Des questions d'un ordre bien supérieur allaient être traitées :

1° L'héroïcité des vertus de la vénérable ;

2° Les miracles opérés par son intercession.

La première chose à établir, avant d'admettre
un *vénérable* aux honneurs de la béatification, c'est,
en effet, *l'héroïcité des vertus*. La question des miracles ne vient qu'après; ils ne sont considérés que
comme *la fumée de la sainteté (sanctitatis fumus)*.

Trois années s'écoulèrent encore. L'examen eut
lieu à Rome d'abord, puis à Paray-le-Monial, où fut
constitué en février 1830, sur la demande de la

---

(1) Voici le titre de ses écrits : 1° Un opuscule sur la *Dévotion
au Sacré-Cœur* ; — 2° l'*Abrégé de sa vie écrite par elle-même*,
sur l'ordre exprès de ses supérieurs. Nous y avons puisé une
grande partie de notre récit; — 3° *Instructions et avis aux novices de Paray-le-Monial* ; — 4° sa correspondance; — 5° quelques
autres écrits de *piété en l'honneur du très-saint Sacrement et du
Sacré-Cœur de Jésus*.

Congrégation des Rites, un tribunal chargé de l'information sous la présidence de monseigneur du Trousset d'Héricourt, successeur de monseigneur de Vichy. Il y avait à répondre à cinquante-neuf articles. Trente-six témoins, ayant vécu dans le pays, et conversé avec les contemporains de la vénérable, furent entendus ; leurs réponses, écrites textuellement et signées de leur main.

Le procès apostolique terminé au mois de juillet de cette même année, les ecclésiastiques délégués en qualité de juges, se réunirent le vingt-deux de ce mois, anniversaire de la naissance de la vénérable pour l'ouverture de son tombeau.

Or, la veille de ce jour si pieusement attendu par les fidèles, la sœur Marie-Thérèse Petit, que nous avons vue, à l'époque de la Terreur, dépositaire des dépouilles précieuses de la *vénérable*, s'unissait aux prières de la communauté pour obtenir de Dieu par l'intercession de Marguerite-Marie la guérison d'un anévrisme, qui, depuis trois ans, la faisait cruellement souffrir, et la tenait dans un état de faiblesse et d'oppression tel, que plusieurs fois les médecins avaient craint de la voir expirer, en opérant les saignées que nécessitaient certaines crises. Des sueurs continuelles, même dans les plus grands froids, des secousses violentes, une altération extrême, une grande agitation, l'obligeaient à ne plus quitter le lit que pour être changée tous les huit ou dix jours; la lumière ou le jour lui faisaient mal; certaines crises de cœur lui causaient de telles douleurs qu'elle perdait la parole et presque la vue, et qu'il lui semblait alors que la vie l'abandonnait.

Elle priait donc, et tout le monastère avec elle. On l'avait revêtue de divers linges qui avaient reposé sur le tombeau de la *vénérable*.

Une heure et demie après cette apposition, elle sent au cœur des élancements et une agitation extraordinaires, qui lui font jeter malgré elle des gémissements. Une demi-heure se passe ainsi.

Tout cesse : agitation, élancements, sueurs, altération insupportable. La fièvre tombe. La nuit suivante, elle dort d'un sommeil paisible.

Laissons parler l'heureuse ressuscitée. Rien de plus simple et de plus émouvant que ce récit : « Le 22, jour de l'ouverture du tombeau de notre « vénérable sœur, je pris sans peine et sans éprou- « ver aucun mouvement extraordinaire, toutes les « positions que je voulus; ma voix devint très- « ferme, ce qui seul faisait juger aux personnes « qui étaient auprès de moi que mon état avait

« changé ; mais je ne voulus rien dire, dans l'in-
« tention où j'étais de surprendre et de me lever
« pendant la cérémonie pour me rendre à la proces-
« sion ; mais, au moment de me lever, ne trouvant
« pas de vêtements, je crus que la volonté de Dieu
« était que je fisse le sacrifice de cette consolation,
« et je n'en demandai point.

« Cependant, les personnes qui restaient auprès
« de moi étaient toujours de plus en plus étonnées
« de l'état tranquille où elles me voyaient. Jugeant
« donc qu'il s'était opéré un grand changement
« dans ma position, elles en avertirent notre très-
« honorée Mère, qui me vint voir à l'infirmerie, et
« à qui je dis le mieux sensible que j'éprouvais.
« J'ajoutai que, si elle le voulait, j'irais le lende-
« main à la sainte messe. Elle me le permit, et
« m'assura qu'elle n'en préviendrait point les sœurs
« de la communauté, afin de leur procurer le plaisir
« de la surprise.

« Néanmoins, peu de temps après, notre hono-
« rée Mère revint à l'infirmerie et m'ordonna de
« me lever tout de suite, et de me rendre au parloir.
« Aussitôt je m'habillai sans peine, et, appuyée sur
« le bras d'une de nos sœurs, j'allai me mettre à
« genoux devant l'autel de l'infirmerie pour y faire

« ma prière. Je me rendis ensuite au parloir, où se
« réunit bientôt toute la communauté. Après un
« quart-d'heure, je passai à la tribune pour adorer
« le Saint-Sacrement, et j'y restai à genoux sans
« peine. De là, je retournai au parloir, d'où je des-
« cendis au chœur, après quoi j'allai visiter le tom-
« beau de la vénérable, auprès duquel je passai près
« d'une heure en prière. Je remontai ensuite à l'in-
« firmerie, un peu fatiguée, il est vrai, à raison de
« la faiblesse qui me restait, mais sans éprouver
« aucun mouvement au cœur.

« Pendant tout ce temps, je me tenais très-droite,
« ce qui surprenait d'autant plus que depuis long-
« temps, n'ayant pas de force dans les reins, j'étais
« entièrement courbée.

« Moi, qui avais eu peine à me faire entendre de
« mon confesseur, je parlais maintenant de manière
« à être entendue très-distinctement de toutes les
« personnes qui remplissaient un grand apparte-
« ment.

« De toutes mes infirmités, il ne me reste plus
« qu'une douleur au talon, occasionnée par la posi-
« tion que me forçaient de prendre mes souffrances
« et mon long séjour au lit ; je ne suis plus fatiguée
« du grand air ni du grand jour ; l'un et l'autre me

« sont agréables, enfin je ne ressens plus aucun reste
« de la maladie dont le Seigneur m'a délivrée pour
« sa gloire et celle de sa servante, la vénérable Mar-
« guerite-Marie Alacoque. »

Tel fut le premier des trois miracles mentionnés
dans le décret, par lequel le Saint-Siége déclarait
leur existence. Nous n'entrerons point dans le
détail des deux autres, non moins éclatants. Nous
les mentionnerons seulement : 2° La guérison instantanée et parfaite de sœur Marie de Sales-Charault,
religieuse du même Ordre, guérie d'un cancer in-
terne ; 3° La guérison instantanée et parfaite de
sœur Marie-Louise Bollani, du même Ordre, guérie
d'une phthisie pulmonaire tuberculaire complète
et incurable, accompagnée d'accidents très-graves.

On allait donc procéder à l'ouverture du cercueil
béni, où reposait la servante de Dieu ; on allait
toucher et vénérer ce cœur qui s'était embrasé au
contact du Cœur de Jésus, ces ossements glorieux
qui brilleront comme des pierres précieuses à la
résurrection ; on allait voir et contempler, en plein
dix-neuvième siècle, de précieuses reliques chères
à toute âme chrétienne !

Monseigneur l'évêque d'Autun, entouré d'un nombreux clergé, préside à la cérémonie. Une sentence

d'excommunication est prononcée contre celui qui chercherait à enlever quelque portion des restes vénérés ou de la châsse qui les renferme. Les ouvriers qui doivent ouvrir la châsse, ont prêté serment sur les saints Évangiles.

On se prosterne, on ouvre le tombeau qui contient une caisse de bois dans laquelle est la châsse.....

Les restes de la vénérable apparaissent ; deux médecins, ayant prêté serment, en prennent connaissance. On les dépose respectueusement dans une châsse neuve, laquelle est portée par quatre religieuses frémissantes de bonheur, dans un nouveau tombeau.

Et le clergé, d'une voix émue, chantait : « *Quam dilecta tabernacula ;* » et les religieuses répétaient à chaque verset : « *Cor Jesu sacratissimum, miserere nobis,* » et dans le ciel, sans doute, le saint fondateur des filles de Sainte-Marie, s'unissant à sainte Chantal et aux élues de la Visitation, félicitaient leur sœur bien-aimée, d'autant plus élevée en gloire qu'elle avait été plus humiliée sur la terre.

La bénédiction est donnée ; le *Magnificat* glorifie Dieu et la très-sainte Vierge, le tombeau est scellé. Alors, le cloître est envahi par la foule qui se pro-

sterne et se presse autour du cercueil pour y faire
toucher des chapelets, des croix, des médailles.
Dieu manifeste la gloire de sa fidèle servante : deux
miracles sont accomplis. Nous avons raconté le premier, qui a rapport à Marie-Thérèse-Petit.

Rome, saisie des pièces nécessaires, avance avec
une sage lenteur dans l'examen de la cause. La
congrégation des saints Rites doit examiner la procédure dans quatre assemblées successives. Lorsque tous les documents furent en règle, on tint, le
7 avril 1832, la première assemblée appelée *congrégation dispositive ;* la deuxième, appelée *congrégation
anté-préparatoire*, eut lieu le 28 avril 1840 ; la troisième, *congrégation préparatoire*, le 4 avril 1843 ; et
la quatrième, le 14 janvier 1844 : c'est *la congrégation générale* (1). Dans cette dernière, Sa Sainteté
prescrit ordinairement des prières pour implorer
les lumières de l'Esprit-Saint.

Ces prières, commencées sur la terre par le Pape
Grégoire XVI, il devait les continuer au ciel. Il mourut le 1er juin 1846, au moment où allait paraître
le décret sur l'héroïcité des vertus de la *vénérable*.

Notre immortel Pie IX lui succéda dans ce mois
béni, consacré à honorer le sacré Cœur de Jésus. Il

(1) (L'abbé Marillier).

ne tarda pas, lui qui aime tant le divin Sauveur, à
continuer l'œuvre de son prédécesseur. L'une de
ses premières visites fut pour les Visitandines de
Rome, auxquelles il adressa des paroles d'espérance
qui les remplirent de joie.

Le 23 août suivant, dans l'octave de la fête de
sainte Chantal, le pieux et zélé pontife fit une
seconde visite à la Visitation. Là, après avoir béni
les religieuses agenouillées sur son passage, il se
rendit dans le chœur où un trône lui était préparé,
et se fit lire par le secrétaire de la congrégation des
Rites le décret affirmant l'héroïcité des vertus de
Marguerite-Marie Alacoque.

Quel moment pour les filles de Sainte-Marie !
Quelle joie ineffable, quel exemple, quel encoura-
gement à la ferveur ! De douces larmes brillaient
dans leurs yeux lorsque le postulateur de la cause,
au nom de l'Ordre entier de la Visitation exprima à
Sa Sainteté sa reconnaissance dans les termes les
plus touchants.

Tous les monastères de la Visitation reçurent le
décret, ainsi que cela se pratique toujours.

Les religieuses de Paray-le-Monial, heureuses
entre toutes, témoignèrent leur gratitude envers le
pieux Pontife, en lui offrant, ainsi qu'au cardinal

Patrizzi, postulateur de la cause, un reliquaire contenant les quelques reliques de la *vénérable*, que possédait la Visitation de Moulins, douce et touchante offrande de piété filiale accueillie par l'auguste Pontife avec une bonté toute paternelle.

IV

Discussion sur les miracles. — Décret. — On procède
à la béatification.

L'héroïcité des vertus était constatée. Il s'agissait désormais de discuter la question des miracles.

Les miracles étaient nombreux. Dès 1729, monseigneur Languet affirme que leur récit eût fait « quasi un volume. » Ils étaient fréquents, et s'opéraient non-seulement sur les pauvres et les simples d'esprit, que Dieu choisit souvent de préférence pour manifester sa puissance, mais sur des personnes d'une position élevée, d'un esprit éclairé, dont le témoignage ne peut être suspect. Cependant, le Saint-Siége prend de telles précautions avant d'en déclarer l'authenticité, que ce n'est qu'après de longues discussions, des prières publiques et ferventes que le décret est prononcé.

Dès 1834, Rome avait commencé à s'en occuper :

11.

une irrégularité qui s'était glissée dans la procédure l'avait fait abandonner.

Pie IX, juge suprême, voulut bien la valider en septembre 1852; mais il fallut attendre les rapports des médecins.

Le 6 septembre 1859, eut lieu la *Congrégation anté-préparatoire*, dont le but est d'examiner la régularité de la procédure.

Et le 15 septembre 1863, seulement, la *Congrégation préparatoire*, où l'on examine les guérisons miraculeuses. C'est le triomphe de la puissance de la prière, de l'union des saints du ciel avec ceux de la terre, de la foi chrétienne, à qui tout est possible !

D'après les dépositions des médecins, on reconnut que *Dieu seul* avait pu opérer ces guérisons.

Une dernière réunion, la *Congrégation générale*, eut lieu le 1ᵉʳ mars 1864, au Vatican. Sa Sainteté Pie IX la présidait. Ce fut là, en présence des cardinaux composant la Sacrée Congrégation des Rites et des Révérendissimes consulteurs qui en font partie, que l'auguste Pontife fit dresser le décret portant l'approbation des miracles.

Le 24 avril suivant, il le signait de ses propres mains. Nous citerons un des passages de ce décret qui nous montre le cœur de Marguerite-Marie, re-

flétant en de doux rayons celui du divin Maître :
« Embrasée du feu de cette divine charité que Jésus-
« Christ est venu jeter à travers la terre, la vénéra-
« ble Marguerite-Marie Alacoque n'épargna aucun
« effort pour faire naître, accroître et développer
« partout, dans les cœurs de tous les fidèles, le culte
« de vénération et de piété *du Sacré-Cœur de Jésus,*
« lequel est le foyer d'où s'échappait et se répandait
« de toute part cet incendie d'amour. Et quoique
« cette servante de Dieu ait brillé, aux jours de sa vie
« mortelle, de la splendeur de toutes les vertus,
« toutefois, sa sainteté tout entière se résume, pour
« ainsi dire, dans cet amour si ardent dont elle
« brûlait pour le *Cœur de Jésus,* et dans ce dévoue-
« ment sans bornes qui la portait à entraîner tous
« les cœurs à lui rendre amour pour amour. Aussi,
« lorsque, consumée par les ardeurs séraphiques,
« elle se fut envolée vers ce séjour de bonheur où
« elle devait s'unir pour jamais et si intimement au
« Cœur de Jésus, le Seigneur voulut que la gloire
« éclatante dont il avait couronné son épouse bénie,
« fût manifestée sur la terre par des signes et par
« des prodiges. »

Plus loin, ce décret déclare « qu'il conste de trois
« miracles du troisième genre, opérés par Dieu à l'in-

« tercession de la vénérable Marguerite-Marie Ala-
« coque. »

Ces trois miracles, nous les avons mentionnés, et
nous en avons béni Dieu, auteur de tout bien, de
toute science, de tout amour.

Une dernière question, celle de savoir si l'on pouvait procéder en toute sûreté à la béatification, restait à résoudre.

Le 22 juin, le cardinal Constantin Patrizzi, préfet
de la Congrégation des saints Rites, rapporteur de
la cause, proposa cette question :

« *Étant donnée la constatation authentique des vertus*
« *et de trois miracles, peut-on procéder sûrement à la béa-*
« *tification solennelle de la vénérable servante de Dieu?* »

La réponse affirmative fut unanime.

Le 24 juin, après avoir entendu la sainte messe à
Saint-Jean de Latran, et prié devant les chefs des
saints apôtres Pierre et Paul, l'auguste Pontife se
rendit à la sacristie, et ordonna de lire deux décrets
de béatification. Nous n'avons point ici à nous occuper du premier.

Le second était le décret déclarant que l'on pouvait
procéder sûrement à la béatification de la vénérable servante de Dieu, sœur Marguerite-Marie Ala-

coque, religieuse professe de la Visitation. En voici le magnifique prologue :

« Le Rédempteur du genre humain, qui, du haut
« de la croix, avait disposé d'entraîner tout à lui, a
« si admirablement attiré sa vénérable servante Mar-
« guerite-Marie Alacoque, que, atteignant les subli-
« mités de son Cœur, elle goûta, à la source même,
« les douceurs de l'infinie charité, et la répandit
« ensuite parmi les hommes. Ces torrents de dou-
« ceur qu'elle avait puisés au côté entr'ouvert du
« Christ, elle les fit couler comme un vaste fleuve sur
« toute la terre. Un seul désir consumait son âme,
« c'était que les cœurs des hommes se purifiassent
« dans cet océan d'eaux vives, et y trouvassent la
« source de cette eau qui jaillit jusqu'à la vie éter-
« nelle.

« Aussi, lorsque, ayant déposé le fardeau de la
« chair, elle s'envola vers les demeures supérieures,
« elle épuisa, pour ainsi dire, sa puissance à l'exem-
« ple de son céleste Époux, à secourir les mortels
« dans leurs afflictions, et à guérir leurs souffrances.
« Par là, le bruit de sa sainteté s'est répandu au
« loin, comme elle avait répandu elle-même le culte
« du Sacré-Cœur. »

V

Ouverture du tombeau. — Extrait du rapport de M. l'abbé Bougaud.

Heureux ceux qui ont pu assister, le 13 juillet de l'année qui vient de s'écouler, à l'ouverture du tombeau de la vénérable, qu'exigeait la suite des enquêtes !

Si toute démonstration publique avait été interdite, les élans du cœur ne pouvaient être comprimés. « La ville de Paray-le-Monial, le couvent, les convives, tout était en fête. Quelles douces émotions ressentirent les nombreux et fidèles chrétiens accourus de tant de contrées différentes pour assister à cette glorification de la sainteté, lorsqu'ils aperçurent monseigneur de Marguerye, évêque d'Autun, et monseigneur Borghi, camérier du Pape, postulateur de la cause, s'avancer à la tête de près de deux cents prêtres vers le monastère, pour y constater l'authenticité des reliques ! La plume ne peut redire ces choses qui se sentent et ne sauraient s'exprimer... et cependant, il est une voix éloquente et pieuse d'un témoin oculaire (1), qui a su peindre ces

---

(1) M. l'abbé Bougaud, vicaire général d'Orléans, auteur de la *Vie de sainte Chantal.*

profondes émotions d'une manière si vraie, si admirable, qu'après avoir lu ce récit, nous pouvons croire avoir assisté à cette touchante manifestation. Nous lui céderons la parole, en citant les passages les plus remarquables de cette palpitante relation…

« La pierre tombale ayant été soulevée avec soin, on
« aperçut, dans une excavation assez profonde, la
« caisse en noyer qui contenait les ossements de la
« *vénérable*. Sans l'ouvrir, et après avoir permis
« seulement à quelques malades d'en baiser les parois, on jeta sur elle une riche dentelle, et, laissant
« aux mains fraternelles et filiales des sœurs l'honneur de porter les saints ossements, on les conduisit en procession à travers les cloîtres, jusqu'à la
« salle où l'on devait les examiner. Les sœurs de la
« Visitation marchèrent devant la châsse, un cierge
« allumé à la main, psalmodiant l'office des vierges ;
« le clergé suivait en silence les saintes reliques.
« Tous les visages, recueillis ou brillant de joie,
« disaient assez de quels sentiments étaient remplis
« tous les cœurs.

« Ainsi sortait de sa tombe, pour n'y plus rentrer,
« cette illustre vierge ! ainsi, elle traversait de nou-
« veau, après deux siècles, dans un triomphe recueilli
« et caché comme sa vie, ces cloîtres qu'elle avait

« remplis des parfums de son humilité ! Ainsi, en
« dépit d'une révolution qui a brisé les empires et
« dispersé les races de rois, ces mêmes religieuses
« de la Visitation, qui avaient douté de sa parole, se
« trouvaient fidèles à sa tombe, pour lui faire amende
« honorable, en portant ses restes bénis sur leurs
« épaules et en semant sur ses pas les chants de joie
« avec des prières et des larmes !

« Arrivés à la salle des assemblés, tous s'arrêtent
« et s'inclinent pour vénérer ce bois précieux qui
« contient le corps virginal d'une des plus pures
« créatures qui aient traversé ce monde, et, avant
« d'ouvrir le coffre de bois, par l'ordre de Mgr l'évê-
« que d'Autun, l'archidiacre dénonce l'excommu-
« nication contre tous ceux, quels qu'ils soient, qui
« oseraient dérober une parcelle, si minime fût-
« elle, du corps de la vénérable. On ouvre alors le
« coffre de bois, et ce qui reste en ce monde de celle
« à laquelle se montra si souvent Notre-Seigneur,
« apparaît successivement à nos regards, cette tête
« que Notre-Seigneur pressa un jour contre sa poi-
« trine ; ces larges orbites des yeux qui le virent
« resplendissant sur l'autel ; cet endroit du cœur où
« Notre-Seigneur mit un jour le doigt, et où, par cet
« attouchement sacré, il alluma un feu qui consuma

« la sainte; tous ces ossements, enfin, car toutes
« les chairs avaient été consumées; il ne restait plus
« que des ossements, mais des ossements pleins de
« gloire qui appelaient les lèvres, et devant lesquels
« nous étions tous agenouillés en silence et émus...

..... « Il y eut, dans l'inspection et la vénération
« de ces reliques, un moment plus saisissant que les
« autres. Tous les ossements, je l'ai déjà dit, étaient
« desséchés; toutes les chairs étaient consumées;
« seul le cerveau avait résisté à la corruption.
« En 1830, lors d'une première ouverture du tom-
« beau, cette partie si fragile, qui se dissout si vite,
« qui se corrompt la première, on l'avait trouvée
« dans toute sa fraîcheur, ainsi qu'il a été constaté
« au procès-verbal par quatre médecins. Aujour-
« d'hui elle était desséchée et par conséquent un peu
« réduite, mais ferme, pas en poussière, et n'exha-
« lant aucune odeur. En sorte que, dans cette hum-
« ble et grande religieuse, que l'on avait traitée de
« folle et de visionnaire, de cerveau mal fait, il était
« prouvé, anatomiquement, et d'un point de vue mé-
« dical, que le cerveau était en elle la partie la mieux
« constituée, puisque c'est elle qui a résisté davan-
« tage à l'action de la mort et du temps.

« Dieu, du reste, fait quelquefois de ces choses

« pour honorer les saints, et pour ouvrir les yeux
« aveugles du monde. Quand sainte Marie-Made-
« leine fut morte, et que le temps eut à peu près
« desséché ses ossements, il y eut un morceau de
« chair qui résista à toute corruption. C'est celui que
« Notre-Seigneur avait touché, lorsque Madeleine
« s'approchant de lui après sa résurrection, il lui
« mit le doigt sur le front pour l'éloigner, en lui di-
« sant : *Noli me tangere.* Douze cents ans après, sur
« ce point du front, la chair apparaissait vive et vi-
« vante, comme pour montrer au monde ce que de-
« vient la chair de l'homme, même la plus profane
« et la plus souillée, lorsque le doigt transfigurateur
« de Dieu la touche pour la purifier. Et de même,
« quand sainte Chantal fut morte, rien ne put dessé-
« cher son cœur. Il semble vivre encore. A certains
« moments, on le voit se gonfler de tristesse et d'a-
« mour, comme pour apprendre au monde à ne pas
« douter de l'ardeur avec laquelle il battait de son vi-
« vant, puisque ce cœur incomparable semble vivre
« et battre, même après sa mort. Ici, c'est le cer-
« veau qui a résisté à tout, parce que c'est du cer-
« veau que le monde a douté. Dieu l'a conservé in-
« tact, afin de nous rendre vénérables les pensées
« qui en sont sorties, et que nous ajoutions foi

« aux sublimes inventions dont il a été l'organe.

« Ah ! bien des années passeront, avant que j'ou-
« blie l'émotion dont je fus saisi, lorsqu'il me fut
« donné de tenir, dans mes mains, la tête entière et
« intacte de la vénérable sœur, et, presque seul,
« car on avait fait retirer la foule pour donner aux
« médecins plus de liberté dans la reconnaissance
« des reliques; de contempler à loisir et successive-
« ment ce qui reste du corps de la vénérable sœur,
« et en étudiant son corps, de conjecturer ce qu'a-
« vait dû être sa sainte âme. Ces ossements délicats,
« ces lignes bien proportionnées, la beauté du front,
« la largeur des tempes, l'intégrité du cerveau, la
« finesse des lignes du visage ; tous ces débris du
« vase mortel où fut renfermée une si belle âme,
« me permettaient d'entrevoir la *vénérable* telle,
« me semblait-il, qu'elle fut il y a deux cents ans,
« aux jours de son pèlerinage ici-bas ; d'une taille
« médiocre, mais plus grande que petite; d'un tem-
« pérament frêle et délicat, comme Dieu le fait aux
« âmes qu'il destine à de grandes souffrances ; d'une
« sensibilité exquise, comme il convient à ceux qui
« doivent aimer beaucoup; avec cela une grande
« raison, un bon sens parfait, un jugement à toute
« épreuve, une belle et limpide intelligence comme

« en ont besoin les voyants, afin de ne pas mêler des
« imaginations et des pensées humaines à ce que
« Dieu daigne leur révéler. Et, enfin, pour achever
« ce portrait, une volonté douce mais invincible, une
« âme patiente mais inébranlable, et ne reculant
« devant aucune opposition; d'une ardeur d'amour
« et d'une puissance de dévouement, qu'aucun sa-
« crifice ne peut rassasier, et surtout d'une élévation,
« d'une délicatesse et d'une profondeur de cœur qui
« la rendit capable de comprendre celui du divin
« Maître, d'en deviner les sublimes inventions, de les
« présenter à un monde froid et railleur, de les lui
« faire accepter, en dépit de toutes les railleries, et, en
« les lui imposant ainsi, de préparer sa régénération.

« Voilà l'illustre Marguerite-Marie, telle que m'ap-
« paraissait son âme, pendant que d'une main res-
« pectueuse et d'un cœur ému, nous replacions un
« à un dans une riche châsse en bronze doré, les
« débris de son corps virginal. Après quoi, les reli-
« gieuses de la Visitation le remirent sur leurs épau-
« les joyeuses, et nous le portâmes triomphalement
« au chœur intérieur du monastère, sur un trône
« qui lui avait été préparé, et au-dessus duquel on
« voyait deux anges qui soutenaient une couronne
« de vierge. »

Nous ne voulions citer que quelques passages de cetadmirable récit... Nous n'avons pu résister à le copier presque en entier. Nos lecteurs nous en remercieront.

VI

Fêtes à Rome et à Paray-le-Monial.

Le 19 août 1864, sa sainteté Pie IX, décernait à Marguerite-Marie le titre de Bienheureuse; mais ce ne fut que le 18 septembre suivant que le bref fut proclamé publiquement dans la ville immortelle.

Dès le matin, le Cœur de Jésus apparaissait au milieu de la façade de l'immense basilique de Saint-Pierre, placé au-dessus de l'image de la bienheureuse, encore voilée : *Ignem veni mittere in terram ;* ainsi resplendit la devise d'amour du Sauveur.

En avançant dans le vestibule, puis dans la basilique, partout se trouvent des peintures, des inscriptions, qui retracent en même temps les admirables inventions du Cœur de Jésus, les traits principaux de la vie de Marguerite-Marie, et les trois miracles approuvés par le Saint-Siége. Des couronnes de lustres étincelant de mille feux se balancent au-dessus de la tête de Marguerite-Marie.

Partout le Cœur adorable du Sauveur se montre glorieux et embrasé.

Un frémissement de bonheur parcourt la foule. Le cardinal Vitelleschi, archevêque-évêque d'Osimo et Cingoli, chanoine de la basilique de Saint-Pierre, s'avance, précédé des consultants de la congrégation des Rites et des cardinaux. Le monde catholique est représenté par des évêques, des religieux, des prêtres, des cardinaux; le pieux évêque d'Autun rayonne de bonheur.

Le cérémoniaire du Pape lit d'une voix haute le décret de la béatification.

Le voile blanc qui couvrait la bienheureuse tombe. On la voit s'envolant vers le ciel.

Le *Te Deum* est acclamé par des milliers de voix; les cloches sonnent joyeusement; le canon gronde à l'extérieur; des religieux de la compagnie de Jésus, offrent aux cardinaux et à quelques assistants l'image et la vie de Marguerite-Marie; l'office pontifical est célébré.

Gloire au Cœur adorable du Sauveur! Bienheureuse Marguerite-Marie, priez pour nous!

O France, fille bien-aimée de l'Église, tressaille d'une sainte allégresse : tu possèdes une protectrice de plus. Invoque désormais avec confiance celle que l'adorable Maître choisit pour manifester d'une manière éclatante sa prédilection pour toi, son amour pour tous les hommes. Vois avec joie tes prêtres se presser autour de ses reliques sacrées, et, s'unissant aux députations des filles de Sainte-Marie accourues de tous les pays, bénir avec amour le Dieu qui fait de si grandes choses dans les âmes. Offre de nouveau au Sacré Cœur de Jésus les cœurs de tous tes enfants. Par l'intercession de la bienheureuse, il leur pardonnera, il les bénira, il les conduira au ciel !

Aucun hommage ne devait manquer à Marguerite-Marie. Le vénérable Pie IX vint à quatre heures et demie, s'agenouiller devant ses restes précieux. Au même instant s'avance monseigneur l'évêque d'Autun. Il porte un bassin d'argent contenant un magnifique reliquaire, et adresse à l'auguste vieillard des remercîments au nom de son diocèse. Il lui remet en même temps la vie, les images de la bienheureuse, et des fleurs, gracieux emblème des vertus qui s'épanouissent dans le cœur des saints.

Sa Sainteté accepte avec bienveillance le présent qui lui est offert, et, d'une voix ferme, prononce ces mots en latin : « Prions le Seigneur, qui, d'a- « près ses propres paroles, n'est venu sur la terre

« que pour y allumer le feu de la sainte charité, de
« daigner ranimer dans tous les cœurs cette flamme
« sacrée, aussi vive, aussi ardente, qu'elle était
« dans le cœur de sa servante Marguerite-
« Marie. »

Et, de nouveau, le pieux pontife se remet en
prières.

Environ quarante prêtres du diocèse d'Autun,
parmi lesquels se trouvait un descendant de la famille Alacoque, eurent le bonheur d'être admis en
audience près de Sa Sainteté, et de lui baiser les
pieds. Monseigneur l'évêque d'Autun, qui les présentait, semblait un père, consacrant de nouveau
à l'Église ses enfants bien-aimés.

Cette journée laissera dans tous les cœurs d'ineffaçables souvenirs. Les représentants des divers
monastères furent admis au même honneur ; et
tous se retirèrent, emportant avec eux les bénédictions de Dieu que le vénérable pontife avait appelées sur leurs têtes, et qu'il sembla vouloir aug-
menter encore en accordant de nombreuses indulgences.

La glorification de la bienheureuse n'eût pas été
complète, si quelques purs rayons n'eussent re-
jailli jusqu'à son berceau. La Visitation de Paray-le-

Monial avait eu aussi sa fête le 18 septembre, fête timide, fête de famille; car c'est Rome qui doit seule donner l'élan pour les manifestations publiques faites en l'honneur des saints.

La chapelle de la Visitation, ornée de guirlandes et d'oriflammes, resplendissait de lumières; des devises racontaient la gloire de l'humble religieuse; déjà chacun tressaillait d'une joie pieuse, mais dont les transports étaient encore comprimés.

Le dimanche suivant, cette joie put enfin éclater en vivats prolongés. La veille, M. Bouange, l'un des vicaires-généraux du diocèse d'Autun, apportait à Paray le bref du saint-Père. Une foule empressée se réunit à la chapelle de la Visitation. Le bref, porté par de très-jeunes filles, fut lu par monseigneur le vicaire-général, qui, dans une éloquente allocution, félicita la ville de Paray-le-Monial d'avoir été si longtemps édifiée par les vertus de la bienheureuse.

Ainsi se termina cette série de fêtes pieuses, échos affaiblis de celles du ciel, mais assez puissantes cependant sur le cœur de tout chrétien pour élever les pensées et les désirs vers l'immortelle Patrie, séjour de l'éternelle félicité des saints.

Cette année même (1865), de grandes fêtes ont été

célébrées en l'honneur de la bienheureuse dans toutes les maisons de l'Ordre de la Visitation. Partout, à côté du Cœur sacré du Sauveur, se trouvaient exposées les reliques ou l'image de son humble adoratrice. Nous nous bornerons à citer les Visitations de Paris et de Meaux, où, par une pensée aussi pieuse que poétique, les guirlandes et les couronnes de marguerites, rappelaient et le nom de notre chère bienheureuse, et ses pures et modestes vertus. Nos pieux et savants pontifes, les maîtres de l'éloquence chrétienne, les âmes d'élite, les saints de la terre, enfin, tous se firent gloire de rendre hommage à l'humble vierge de Lauthecourt.

Désormais les pieuses filles de la Visitation n'ont plus qu'un vœu à former, c'est de voir leur sœur bien-aimée élevée aux honneurs de la canonisation.

Deux nouveaux miracles, au moins, sont nécessaires pour achever la glorification de Marguerite-Marie. Le Cœur de Jésus ne les refusera pas à la foi de ses fidèles servantes, nous en avons la confiance, et le culte de l'humble religieuse prendra chaque jour une nouvelle extension, en même temps que s'embraseront tous les cœurs pour le Cœur adorable du Sauveur.

VII

Décret de Béatification.

PIE IX, Pape,

POUR PERPÉTUELLE MÉMOIRE.

« L'Auteur et le consommateur de notre foi, Jésus-Christ, qui, par l'inspiration de sa charité extrême, après avoir pris l'infirmité de la nature humaine, s'est offert victime sans tache sur l'autel de la croix, afin de nous délivrer de la noire servitude du péché, n'a point eu de plus vif désir que d'allumer par tous les moyens, dans les âmes, la flamme de la charité dont brûle son propre Cœur, ainsi qu'il l'a affirmé lui-même à ses disciples, au témoignage du saint Évangile : « *Je suis venu répandre le feu sur la terre, et que veux-je, sinon qu'il s'allume?* » Pour propager cet incendie d'amour, il a voulu que la dévotion et le culte de son très-saint Cœur fût institué et répandu dans l'Église. Qui serait en effet assez dur, assez insensible pour ne pas désirer aimer en retour ce Cœur très-doux, qu'une lance a blessé et transpercé, afin que là notre âme ait un asile et un refuge pour se soustraire aux incursions et aux embûches de ses ennemis, et se mettre à

couvert? Qui ne se sentirait provoqué à prendre
pour objet de son culte empressé, ce Cœur très-
saint, dont la blessure a donné passage à l'eau et
au sang qui en découlèrent, et, par conséquent, à la
source de notre vie et de notre salut?

« Déjà, pour instituer ce culte salutaire et si juste,
et pour le propager au loin parmi les hommes, notre Sauveur avait daigné choisir sa servante, la vénérable *Marguerite-Marie Alacoque*, religieuse de la
Visitation de la bienheureuse Vierge Marie, laquelle
par l'innocence de sa vie, et le constant exercice de
toutes les vertus, se montra digne, avec le secours
de la grâce divine, d'un tel office et d'une si glorieuse mission.

« Née dans le bourg de *Lauthecourt*, au diocèse
d'Autun, en France, d'une honnête famille, elle
montra dès l'enfance un esprit docile, une pureté
et une gravité de mœurs au-dessus de son âge, si
bien que ses parents augurèrent à des signes certains, quelle devait être un jour sa vertu. En effet,
petite fille encore, elle fuyait déjà les plaisirs auxquels cet âge si tendre est entraîné, se retirait dans
le plus secret de la maison paternelle; et là, d'un
esprit attentif à Dieu, l'adorait et le priait; et plus
tard, adolescente, elle fuyait la société des hommes,

n'ayant pas de plus chères délices que de fréquenter les temples, et d'y prolonger, durant de longues heures, ses ferventes oraisons. Dès ses jeunes ans, elle consacra à Dieu sa virginité et se mit à affliger son corps par les jeûnes, les disciplines et les autres genres d'austérités, si bien qu'elle gardait cette fleur de sa pureté comme un lys dans les épines. Elle donna une preuve éclatante de sa douceur et de son humilité : son père étant mort, et sa mère étant accablée par l'âge et par l'infirmité, elle fut traitée avec tant de rigueur et de dureté par ceux qui avaient le gouvernement de la maison, que souvent elle manqua des choses nécessaires à la vie ; elle supporta cette injustice et cette cruauté plusieurs années, avec égalité d'âme, en se proposant l'exemple de Jésus-Christ souffrant.

« A neuf ans, elle s'approcha pour la première fois de la sainte Table et rapporta de ce festin céleste une telle ardeur du divin amour, que ce feu brillait sur son visage et dans ses yeux. Remplie de charité pour le prochain, elle souffrait vivement de voir un grand nombre d'enfants presque abandonnés de leurs parents, grandir dans les vices et dans l'ignorance de tout ce qui importe au salut éternel ; aussi les instruisait-elle avec une admirable patience des mystères

de la foi ; elle les formait à la vertu, se retranchant
chaque jour, pour les nourrir, une bonne partie de
ses aliments. Comme elle s'était destinée à un céleste
Époux, elle refusa les riches et nobles partis que lui
offrait sa mère, et, afin de garder plus sûrement sa
foi à ce même Époux divin, elle songea à s'ensevelir
dans un cloître avec les vierges consacrées à Dieu.

« Après longue et mûre délibération, après de ferventes prières pour connaître la volonté de Dieu, ce
fut dans la ville de Paray-le-Monial, du diocèse
d'Autun, qu'elle s'enrôla parmi les sœurs de l'Ordre
de la Visitation de la Vierge Marie.

« Novice, elle se montra telle qu'on se l'était promis de ses dispositions heureuses pour la vertu et de
l'innocence de toute sa vie, et fut admise à prononcer
les vœux solennels. Ils lui furent comme un nouvel
élan vers la perfection de l'état religieux, tant elle
brilla dès lors parmi ses sœurs, comme un modèle
de toutes les vertus ; c'était une admirable humilité,
une joie singulière dans l'obéissance, la patience à
tout supporter, la plus exacte régularité jusque dans
les moindres choses, une austérité qui ne se relâchait
pas dans la mortification corporelle, un zèle qui ne
se ralentissait point dans l'oraison où nuit et jour
adonnée, et perdant souvent l'usage de ses sens,

elle était inondée des faveurs les plus insignes de la
divine grâce. Au souvenir des souffrances de Jésus-
Christ, tel était le sentiment de douleur qu'elle
éprouvait, si ardente était la flamme de son amour,
qu'elle languissait souvent comme privée de la vie.
Enfin, comme l'éminence de sa vertu lui avait con-
cilié l'admiration générale de ses compagnes, elle fut
chargée de la conduite des jeunes novices et du devoir de les exercer et de les former à la vie religieuse, et certes on n'eût pu trouver personne plus
propre à cet emploi que la vénérable Marguerite-
Marie, qui, par son exemple, encourageait les jeunes
personnes mises sous sa direction, à embrasser la
voie de la perfection et à la parcourir avec ardeur.

« Un jour, qu'elle priait avec plus de ferveur que
jamais devant le très-auguste sacrement de l'Eucharistie, Notre-Seigneur Jésus-Christ lui fit connaître
qu'il aurait pour très-agréable l'institution d'un
culte envers son *Cœur Sacré*, brûlant d'amour pour
les hommes, et qu'il voulait lui confier cette mission. Avec l'humilité profonde dont elle était douée,
cette vénérable servante de Dieu fut atterrée, car elle
se jugeait indigne d'un tel honneur. Voulant obéir
néanmoins à une volonté déclarée d'en haut, et
donner satisfaction à son propre désir d'exciter le

divin amour dans les cœurs, elle agit avec zèle soit auprès des religieuses de son monastère, soit auprès de ceux sur lesquels elle pouvait avoir quelque influence, afin que l'on se mît à rendre tous les honneurs et tous les respects possibles à ce Cœur très-saint; siége de la divine charité.

« La vénérable servante de Dieu eut à soutenir à ce sujet des peines graves et nombreuses ; il lui fallut surmonter bien des difficultés, sans que jamais elle se laissât abattre ni cessât, en s'appuyant toujours sur l'espoir du céleste secours, de promouvoir de ses efforts constants cette dévotion, si bien que, par la grâce de Dieu, elle s'est accrue et propagée au loin dans l'Église avec un grand fruit pour les âmes.

« Enfin, désirant voir briser ses liens pour s'envoler aux noces célestes de l'Agneau, objet de ses soupirs, consumée bien moins par la maladie que par l'ardeur de sa charité, elle expira le 17e jour d'octobre 1690.

« L'opinion, déjà bien établie de sa sainteté, prit une nouvelle force après sa mort, surtout par le bruit des prodiges que l'on croyait dus à son intercession. C'est pourquoi l'an 1715, l'évêque d'Autun fit dresser les procès-verbaux d'usage sur sa vie et sur sa sainteté. Cependant cette cause ne put être déférée au jugement du Saint-Siége, par suite des événements politiques si graves qui, à la fin du xviiie siècle, agitèrent presque toute l'Europe. Cette horrible tempête s'étant enfin apaisée, on demanda un jugement du Siége Apostolique; la question *des vertus* de la vénérable Marguerite fut introduite auprès de la sacrée Congrégation des Rites, et tout ayant été longtemps et murement pesé, nous déclarâmes enfin que ces vertus avaient atteint le degré d'héroïcité par décret promulgué le 23 août 1846.

« Bientôt devant la même Congrégation, on proposa le doute des miracles par lesquels on disait la sainteté de la vénérable Marguerite-Marie divinement prouvée, et, après un sévère examen, ces miracles reçurent l'approbation des cardinaux; nous-même ayant préalablement imploré le secours de la divine lumière, nous avons publié notre sentence affirmative de la vérité de ces mêmes miracles, le 24e jour de mai de la présente année 1864.

« Il ne restait plus qu'à interroger les cardinaux sur la dernière question, savoir: si l'on pouvait sûrement procéder à rendre les honneurs des bienheureux à la vénérable Marguerite. Et les cardinaux réunis en notre présence le 14 juin de l'année courante, répondirent unanimement qu'on le pouvait. Nous alors, à notre tour, ayant imploré de nouveau l'aide divin, comme il convenait dans une affaire de cette importance, le 24 juin de la même année, nous décrétâmes que l'on pourrait, le jour que nous déterminerions, rendre les honneurs des bienheureux à la vénérable servante de Dieu, en attendant que sa solennelle canonisation fût célébrée.

« C'est pourquoi, cédant aux prières de presque tous les évêques de France et des religieuses de la Visitation de la bienheureuse Vierge Marie, de l'avis et de l'assentiment de nos vénérables frères les cardinaux de la sainte Église de Rome, membres de la Sacrée Congrégation des Rites, par notre autorité apostolique, nous permettons que la vénérable servante de Dieu, Marguerite-Marie Alacoque soit désormais appelée du nom de bienheureuse, et que l'on expose publiquement son corps et ses reliques à la vénération, sans que toutefois on les porte en procession publique.

« En outre, de la même autorité, nous accordons que l'on récite en son honneur l'office et la messe du commun des Vierges, avec les oraisons propres par nous approuvées, selon les rubriques du Missel et du Bréviaire Romain. Toutefois, nous n'accordons la célébration de cette messe, et la récitation de cet office que dans le diocèse d'Autun, et dans toutes les églises de l'Ordre de la Visitation Sainte-Marie, quelque part que cet institut existe, de manière que cet office y soit récité le 17 octobre, par tous ceux, tant réguliers que séculiers, qui sont tenus aux heures canoniales, et que les messes soient célébrées par les prêtres qui se rendront dans les églises où la fête aura lieu. Enfin nous accordons que, dans le courant de l'année qui s'écoulera à dater de ces présentes lettres, les solennités de la béatification de la vénérable servante de Dieu Marguerite-Marie Alacoque puissent être célébrées dans le susdit diocèse, et dans les susdites églises, avec l'office et les messes du rite double-majeur, et nous ordonnons qu'elles aient lieu le jour qui sera désigné par les ordinaires, et après seulement que ces mêmes solennités auront été célébrées dans la Basilique Vaticane. Nonobstant toutes constitutions et ordinations apostoliques, etc.....

« Donné à Castel-Gandolfo, sous l'Anneau du Pêcheur, le 19 août de l'an 1864; de notre pontificat le dix-neuvième.

« N. card. Paracciano Clarelli. »

TABLE DES MATIÈRES

PREMIÈRE PARTIE

MARGUERITE-MARIE DANS LE MONDE

DEUXIÈME PARTIE

MARGUERITE-MARIE AU COUVENT

TROISIÈME PARTIE

MARGUERITE-MARIE DANS LE CLOITRE

QUATRIÈME PARTIE

BÉATIFICATION DE MARGUERITE-MARIE

FIN DE LA TABLE.

Corbeil, typ. et stér. de Crété.